LIBERDADE

Osho

LIBERDADE

A coragem de ser você mesmo

Tradução
DENISE DE C. ROCHA DELELA

Editora Cultrix
SÃO PAULO

Título original: *Freedom*.

Copyright © 2004 Osho International Foundation — http://www.osho.com

Copyright da edição brasileira © 2005 Editora Pensamento-Cultrix Ltda.

1ª edição 2005.
2ª reimpressão da 1ª edição de 2005 – catalogação na fonte 2006.
9ª reimpressão 2019.

Todos os direitos reservados. Nenhuma parte deste livro pode ser reproduzida ou usada de qualquer forma ou por qualquer meio, eletrônico ou mecânico, inclusive fotocópias, gravações ou sistema de armazenamento em banco de dados, sem permissão por escrito, exceto nos casos de trechos curtos citados em resenhas críticas ou artigos de revistas.

OSHO é uma marca registrada da Osho International Foundation, usada com a devida permissão e licença.

Capa: Arte da capa de Osho.

Texto criado a partir de excertos selecionados dos arquivos dos trabalhos originais do autor.

Quaisquer fotos, imagens ou arte final de Osho, pertencentes à Osho International Foundation ou vinculadas a ela por copyright e fornecidas aos editores pela OIF, precisam de autorização da Osho International Foundation para seu uso.

A Editora Cultrix não se responsabiliza por eventuais mudanças ocorridas nos endereços convencionais ou eletrônicos citados neste livro.

Dados Internacionais de Catalogação na Publicação (CIP)
(Câmara Brasileira do Livro, SP, Brasil)

Osho, 1931-1990.
    Liberdade : a coragem de ser você mesmo / Osho ; tradução Denise de C. Rocha Delela.
-- São Paulo : Cultrix, 2006.

Título original : Freedom.
2ª reimpr. da 1ª ed. de 2005.
ISBN 978-85-316-0892-6
1. Liberdade - Aspectos religiosos - Rajneesh Foundation International I. Título.

06-7481
                           CDD-299.93

Índices para catálogo sistemático:
1. Liberdade : Osho : Religiões de natureza universal 299.93

Direitos de tradução para o Brasil
adquiridos com exclusividade pela
EDITORA PENSAMENTO-CULTRIX LTDA.
Rua Dr. Mário Vicente, 368 – 04270-000 – São Paulo, SP
Fone: (11) 2066-9000
E-mail: atendimento@editoracultrix.com.br
http://www.editoracultrix.com.br
que se reserva a propriedade literária desta tradução.
Foi feito o depósito legal.

Liberdade significa capacidade de dizer "Sim" quando é preciso dizer "Sim", de dizer "Não" quando é preciso dizer "Não" e de ficar calado às vezes, quando nada é necessário — ficar em silêncio, não dizer nada. Quando se pode dispor de todas essas dimensões possíveis, existe liberdade.

— Osho

Sumário

PREFÁCIO
As três dimensões da liberdade 9

ENTENDA AS RAÍZES DA ESCRAVIDÃO 17
A sociedade e a liberdade do indivíduo 18
O problema de Deus 38
A idéia de sina e de destino 42
Medo de voar 49

CAMINHOS PARA A LIBERDADE 63
O camelo, o leão, a criança 63
Do relacionamento ao amor 81
Da reação para a ação 89
Rebelião e revolução 96

OBSTÁCULOS E SUGESTÕES PARA SUPERÁ-LOS 115
Respostas a perguntas 115

EPÍLOGO
A verdadeira liberdade espiritual 149

SOBRE OSHO 173
OSHO INTERNATIONAL MEDITATION RESORT 174

Prefácio

AS TRÊS DIMENSÕES DA LIBERDADE

A Liberdade é um fenômeno tridimensional. A primeira dimensão é física. Você pode ser fisicamente escravizado; e durante milhares de anos o homem foi vendido em praça pública como qualquer mercadoria. Existiram escravos no mundo inteiro. A eles não se aplicavam os direitos humanos; eles não eram realmente aceitos como seres humanos. Eram considerados subumanos. E ainda se tratam as pessoas como se fossem subumanas. Na Índia, existem os Sudras, os intocáveis. Grande parte da Índia ainda vive na escravidão; ainda existem regiões do país onde as pessoas não podem receber educação, não podem escolher profissões diferentes das que determinou a tradição cinco mil anos atrás. Acredita-se que o mero ato de tocá-las torna você impuro; é preciso tomar banho imediatamente. Mesmo que você não toque a pessoa, só a sombra dela, mesmo assim você terá de tomar banho.

E no mundo inteiro o corpo da mulher não é considerado como se considera o do homem. Ela não é tão livre quanto ele. Na China, durante séculos o marido teve o direito de matar a mulher sem ser punido, pois a esposa era propriedade dele. Assim como você pode destruir a sua cadeira ou pôr fogo na sua casa — porque a cadeira é sua, a casa é sua —, o mesmo você podia fazer com a sua mulher. Pelas leis chinesas, não havia punição para o marido que matasse a esposa, pois supunha-se que ela não tivesse alma. Ela era apenas um mecanismo reprodutor, uma fábrica de fazer filhos.

Existe, portanto, a escravidão física e a liberdade física — nesta o seu corpo não está acorrentado, você não é tachado como alguém inferior a qualquer outra pessoa, existe uma igualdade no que diz respeito ao corpo. Mas mesmo hoje essa liberdade não existe em todo lugar. Ela é cada dia menor, embora não tenha desaparecido completamente.

Liberdade corporal significa que não existe diferença entre o negro e o branco, que não existe diferença entre o homem e a mulher, que não existe diferença de espécie alguma no que diz respeito aos corpos. Ninguém é puro e ninguém é impuro; todos os corpos são iguais.

Essa é a própria base da liberdade.

Existe, então, a segunda dimensão: a liberdade psicológica. Existem pouquíssimas pessoas no mundo que são psicologicamente livres, pois, se você é muçulmano, não é psicologicamente livre; se você é hindu, não é psicologicamente livre. Todo o nosso jeito de criar os filhos faz com que eles sejam escravos — escravos de ideologias políticas, de ideologias sociais, de ideologias religiosas. Não damos a eles nenhuma chance de pensar por si mesmos, de investigar por si mesmos. Nós forçamos a mente deles a se encaixar num certo molde. Atulhamos a cabeça deles com um monte de coisas — coisas em que nem nós mesmos temos experiência. Os pais ensinam aos filhos que existe um Deus — e eles não sabem nada sobre Deus. Eles dizem aos filhos que existe o céu e existe o inferno — e eles não sabem nada sobre o céu e o inferno.

Você está ensinando aos seus filhos coisas que nem você mesmo conhece. Você está só condicionando a mente deles, pois a sua mente foi condicionada pelos seus pais. Desse jeito a doença é transmitida de geração em geração.

Prefácio *11*

A liberdade psicológica será possível quando deixarem que as crianças cresçam, quando elas tiverem auxílio para ficarem mais intelectuais, mais inteligentes, mais conscientes e mais alertas. Não se transmitirá a elas nenhuma crença. Não se ensinará nenhum tipo de credo, mas elas receberão todo incentivo para buscar a verdade. E, desde o início, elas serão lembradas de que "A sua própria verdade, as suas próprias descobertas é que libertarão você; nenhuma outra coisa fará isso por você".

A verdade não é algo que se possa tomar emprestado; não é algo que se possa estudar nos livros. Ninguém pode transmiti-la a você. É você que tem de aguçar a sua inteligência para poder olhar a existência e encontrá-la. Se deixarmos a mente da criança aberta, receptiva, alerta, e lhe dermos incentivo para investigar, ela terá liberdade psicológica. Você não tem de ensinar isso a ela; isso é algo que acompanha a liberdade psicológica como uma sombra. E essa criança lhe será grata. Do contrário, toda criança terá raiva dos pais, pois eles a terão arruinado: terão destruído sua liberdade, condicionado a mente dela. Antes que ela tenha formulado perguntas, eles já terão enchido a mente dela com respostas mentirosas — pois essas respostas não estarão baseadas na própria experiência da criança.

O mundo todo vive em escravidão psicológica.

A terceira dimensão é o apogeu da liberdade — que consiste em saber que você não é o corpo, que você não é a mente, que você é apenas consciência pura. Esse conhecimento vem por meio da meditação. Ela separa você do corpo, separa você da mente, deixando só você ali, como consciência pura, como percepção pura. Isso é liberdade espiritual.

Essas são as três dimensões básicas da liberdade do indivíduo.

O coletivo não tem alma, o coletivo não tem mente. O coletivo não tem nem mesmo corpo; ele não passa de um nome. É só uma palavra. Para o coletivo, não há necessidade de liberdade. Se todas as pes-

LIBERDADE

soas são livres, o coletivo será livre. Mas nós nos impressionamos muito com as palavras, tanto que esquecemos que elas não têm substância. O coletivo, a sociedade, a comunidade, a religião, a igreja — são, todas elas, palavras. Não existe nada real por trás delas.

Eu me lembro de uma historinha. Em *Alice no País das Maravilhas*, Alice está indo ao palácio da rainha. Quando ela chega, a rainha pergunta, "Você encontrou um mensageiro no caminho até aqui?"

A garotinha responde, "Ninguém, não encontrei ninguém".

E a rainha pensou que "ninguém" fosse alguém, então perguntou, "Mas, então, por que Ninguém não chegou ainda?"

A garotinha disse, "Senhora, ninguém é ninguém!"

A rainha respondeu, "Não seja idiota! Eu entendi: Ninguém tem de ser Ninguém, mas ele devia ter chegado antes de você. Parece que Ninguém anda mais devagar do que você".

E Alice disse, "Nada disso! Ninguém anda mais rápido do que eu!"

&c&

O diálogo continua desse jeito. Ao longo de toda conversa, "ninguém" passa a ser alguém e fica impossível para Alice convencer a rainha de que "ninguém" é ninguém.

O coletivo, a sociedade — tudo isso não passa de palavras. O que realmente existe é o indivíduo; de outro modo, haveria um problema. Qual é a liberdade do Rotary Club? Qual é a liberdade do Lions Club? Eles são apenas nomes.

O coletivo é uma idéia muito perigosa. Em nome do coletivo, o indivíduo, o real, sempre tem de ser sacrificado. Eu sou absolutamente contra isso.

As nações têm sacrificado os indivíduos em nome da nação — e "nação" é só uma palavra. As linhas que desenhamos nos mapas não existem em lugar nenhum sobre a terra. Não passam de um jogo. Mas

Prefácio 13

para defender essas linhas desenhadas no mapa, milhões de pessoas morrem — pessoas de verdade morrem por causa de linhas imaginárias. E você as transforma em heróis, heróis nacionais!

Essa idéia de coletivo tem de ser exterminada; do contrário, de um jeito ou de outro continuaremos a sacrificar o indivíduo. Nós sacrificamos o indivíduo até em nome da religião, nas guerras religiosas. O muçulmano morre numa guerra religiosa sabendo que o seu paraíso está garantido. Ele ouvia do sacerdote, "Se morrer pelo Islã, você vai para o paraíso, gozar de todos os prazeres com os quais você nunca sonhou ou que nem sequer imaginou. E a pessoa que você matou também vai para o paraíso, porque ela foi morta por um muçulmano. É um privilégio para ela, por isso você não precisa se sentir culpado por ter matado um ser humano". Os cristãos têm as cruzadas — um jihad, uma guerra santa — e matam milhares de pessoas, queimam vivos seres humanos. Para quê? Por alguma coletividade — pelo Cristianismo, pelo Budismo, pelo Hinduísmo, pelo comunismo, pelo fascismo, qualquer coisa serve. Pegue qualquer palavra que represente uma coletividade e o indivíduo pode ser sacrificado.

Não há razão nem mesmo para a coletividade existir; bastam os indivíduos. E, se os indivíduos forem livres, forem psicologicamente livres, espiritualmente livres, então o coletivo será naturalmente livre do ponto de vista espiritual.

O coletivo é composto de indivíduos, não o contrário. Dizem que o indivíduo é só uma parte do coletivo; isso não é verdade. O indivíduo não é só uma parte do coletivo; o coletivo é só uma palavra simbólica para uma reunião de indivíduos. Eles não são parte de nada; continuam independentes. Continuam organicamente independentes, não se tornam parte de um coletivo.

Se quisermos realmente um mundo de liberdade, então temos de entender que ocorreram tantos massacres, em nome da coletividade, que agora é hora de parar. Todos os nomes coletivos têm de perder a grandeza que tinham no passado. Os indivíduos têm de ser o valor mais elevado.

A liberdade com relação a algo não é liberdade de fato. A liberdade para fazer tudo o que se quer também não é a liberdade a que estou me referindo. Minha visão de liberdade é ser você mesmo.

Não é uma questão de ficar livre *de* algo. Essa liberdade não será liberdade, porque ela ainda é concedida a você; existe uma causa para ela. A coisa da qual você se sentia dependente ainda está presente na sua liberdade. Você é grato a ela. Sem ela você não teria se libertado.

A liberdade para fazer tudo o que se quer também não é liberdade, pois o querer, o desejo de "fazer" alguma coisa, vem da mente — e a mente é o seu cativeiro.

A verdadeira liberdade é fruto da consciência que não escolhe, mas, quando existe a consciência que não escolhe, a liberdade não depende nem de coisas nem de que se faça alguma coisa. A liberdade que resulta da consciência que não escolhe é a liberdade de simplesmente ser você mesmo. E você já é você mesmo; você nasceu assim. Portanto, isso não depende de nada mais. É algo que ninguém pode dar a você e ninguém pode tirar de você. Uma espada pode cortar a sua cabeça, mas não pode cortar a sua liberdade, o seu ser.

Esse é outro modo de dizer que você está centrado, enraizado no seu eu natural, existencial. Não tem nada a ver com o exterior.

A liberdade com relação às coisas depende do exterior. A liberdade para se fazer algo também depende do exterior. A liberdade para ser absolutamente puro não tem de depender de nada exterior a você.

Você nasceu livre. Só que foi condicionado para esquecer isso. Camadas e mais camadas de condicionamentos fizeram de você um fantoche. Os fios estão nas mãos de alguém. Se você é cristão, você é um fantoche. Os seus fios estão nas mãos de um Deus que não existe, então, só para dar a você a sensação de que Deus existe, há profetas, messias, que representam Deus.

Eles não representam ninguém, são só pessoas egoístas — e até mesmo o ego quer transformar você num fantoche. Essas pessoas lhe dizem o que fazer, apresentam a você Dez Mandamentos. Elas lhe dão a sua personalidade — dizem que você é cristão, judeu, hindu, muçulmano. Elas lhe concedem o que chamam de conhecimento. E, naturalmente, sob o imenso fardo que elas já começam a jogar sobre você na mais tenra infância — o peso de todo o Himalaia está sobre os seus ombros —, embaixo dele, escondido, reprimido, está o seu eu natural. Se você conseguir se livrar de todos os condicionamentos, se conseguir pensar que não é nem comunista nem fascista, que não é nem cristão nem muçulmano...

Você não nasceu cristão nem muçulmano; você nasceu apenas como uma consciência pura e inocente. Ficar novamente nessa pureza, nessa inocência, nessa consciência é o que eu chamo de liberdade.

A liberdade é a experiência máxima da vida. Não há nada que supere isso. E a liberdade faz com que muitas flores desabrochem em você.

O amor é a florescência da sua liberdade. A compaixão é outra florescência da sua liberdade.

Tudo o que tem valor na vida floresce na inocência, no estado natural do seu ser.

Portanto, não associe liberdade a independência. A independência vem naturalmente *de* alguma coisa, *de* alguém. Não associe liberdade a fazer coisas que você quer fazer, pois essa é a sua mente, não você. Quando quer fazer algo, deseja fazer algo, você está no cativeiro do querer e do desejar. Com a liberdade a qual estou me referindo, você simplesmente *é* — em silêncio absoluto, serenidade, beleza, bem-aventurança.

ENTENDA AS RAÍZES DA ESCRAVIDÃO

Para ser totalmente livre, a pessoa precisa estar absolutamente consciente, pois nosso cativeiro está enraizado na nossa inconsciência; ele não vem de fora. Ninguém pode impedi-lo de ser livre. Você pode ser destruído, mas, a menos que você deixe, a sua liberdade não pode ser tirada de você. Em última análise, é sempre o seu desejo de não ser livre que tira a sua liberdade. É o seu desejo de ser dependente, o seu desejo de negar a responsabilidade de ser você mesmo, que faz de você uma pessoa sem liberdade.

No momento em que a pessoa assume a responsabilidade por si mesma... E lembre-se de que isso não é um mar de rosas, existem espinhos também; não é açúcar no mel, existem momentos de amargura também. A doçura é sempre contrabalançada pela amargura; elas vêm na mesma proporção. As rosas são contrabalançadas pelos espinhos, os dias pelas noites, os verões pelos invernos. A vida mantém o equilíbrio entre os opostos polares. Assim, uma pessoa que esteja pronta para aceitar a responsabilidade por ser ela mesma, com todas as suas belezas, amarguras, alegrias e aflições, pode ser livre. Só uma pessoa assim pode ser livre.

Viva isso em toda sua agonia e em todo o seu êxtase — ambos são seus. E nunca esqueça: o êxtase não pode vir sem agonia, a vida não pode existir sem a morte e a alegria não pode existir sem a tristeza. É assim que as coisas são — não se pode fazer nada a respeito. Essa é a própria natureza, o próprio Tao das coisas.

Aceite a responsabilidade por ser como é, com tudo o que você tem de bom e com tudo o que tem de ruim, com tudo o que tem de belo e com tudo o que não é belo. Nessa aceitação, ocorre uma transcendência e a pessoa se torna livre.

A SOCIEDADE E A LIBERDADE DO INDIVÍDUO – UMA ENTREVISTA

As regras sociais parecem ser uma necessidade básica dos seres humanos. No entanto, nenhuma sociedade jamais ajudou o ser humano a se realizar. Você poderia fazer a gentileza de explicar que tipo de relacionamento existe entre os indivíduos e a sociedade e como um pode ajudar o outro a evoluir?

ᘒᘓ

Trata-se de uma pergunta extremamente complexa, mas muito importante também. Na existência como um todo, só o ser humano precisa de regras. Nenhum outro animal precisa.

A primeira coisa que é preciso entender é o fato de que existe algo de artificial nas regras. O ser humano precisa de regras porque ele deixou de ser um animal, embora não tenha deixado de ser humano; ele está num limbo. Essa é a necessidade de se ter regras. Se fôssemos um animal, não haveria essa necessidade. Os animais vivem perfeitamente bem sem regras, constituições, leis, tribunais. Se o ser humano se tornar realmente humano — não só no nome, mas na realidade —, ele não precisará mais de regras.

Muito poucas pessoas perceberam isso até agora. Por exemplo, para homens como Sócrates, Zaratustra, Bodhidarma, não existe ne-

Entenda as raízes da escravidão 19

cessidade de regras. Eles estão suficientemente alertas para não fazer nada que prejudique alguém. Não é preciso nenhuma lei, nenhuma constituição. Se toda sociedade evoluísse a ponto de se tornar autenticamente humana, haveria amor, mas não haveria leis.

O problema é que o ser humano precisa de regras, de leis, de governos, de tribunais, de exércitos, de força policial, pois ele perdeu o comportamento natural de um animal e ainda não adquiriu uma nova posição natural outra vez. Ele está simplesmente no meio. Não está em lugar nenhum, está num caos. Para controlar esse caos, todas essas coisas são necessárias.

O problema fica mais complexo porque as forças que têm sido desenvolvidas para controlar o homem — as religiões, os governos, os tribunais — ficaram poderosas demais. Era preciso conferir poder a elas; do contrário, como poderiam controlar as pessoas? Então caímos, por conta própria, numa espécie de escravidão. Agora que essas instituições ficaram poderosas, elas não querem abrir mão dos seus próprios interesses. Elas não querem que o homem evolua.

Você está perguntando como o homem e a sociedade, o indivíduo e a sociedade podem evoluir. Você não entende nada do problema. Se o indivíduo evoluir, a sociedade se desfaz. A sociedade existe só porque não deixam o indivíduo evoluir. Todos esses poderes estão há séculos controlando o homem e gozando do poder e do prestígio que têm. Eles não estão dispostos a deixar o homem evoluir, a deixar o homem se desenvolver até chegar ao ponto em que esses poderes e essas instituições se tornem inúteis. Existem muitas situações que ajudarão você a entender.

Aconteceu na China, vinte e cinco séculos atrás...

Lao Tzu ficou muito famoso, era um homem sábio, sem dúvida um dos homens mais sábios que já existiram. O imperador da China pediu muito humildemente a ele que aceitasse ser o líder da corte suprema, pois ninguém poderia cuidar das leis do país melhor do que ele. Lao Tzu tentou persuadir o imperador de que não era o homem certo, mas o imperador continuou insistindo.

Lao Tzu disse, "Se o senhor não quer me ouvir, basta que eu passe um dia no tribunal para que veja que eu não sou o homem certo, pois o *sistema* está errado. Com toda modéstia, eu não estaria dizendo a verdade ao senhor. Ou eu existo ou as suas leis e a sua ordem e a sua sociedade existem. Assim, vamos tentar".

No primeiro dia, trouxeram ao tribunal um ladrão que roubara quase metade dos tesouros do homem mais rico da capital. Lao Tzu ouviu o caso e então disse que o ladrão e o homem rico deveriam ficar ambos na cadeia durante seis meses.

O homem rico disse, "O que está dizendo? Eu fui furtado, fui roubado — que tipo de justiça é essa, você está me mandando para a cadeia pelo mesmo tempo que o ladrão?"

Lao Tzu disse, "Estou certamente sendo injusto com o ladrão. Você precisa ficar mais tempo na cadeia do que ele, pois você acumulou muito dinheiro para si mesmo, tirou dinheiro de muitas pessoas; milhares de pessoas são oprimidas e você acumula uma fortuna cada vez maior. Para quê? Sua própria ganância está produzindo esses ladrões. Você é o responsável. O primeiro crime é seu".

A lógica de Lao Tzu era absolutamente clara. Se continuar a existir tantos pobres e tão poucos ricos, não será possível deter os ladrões, não será possível fazê-los parar de roubar. O único jeito de detê-los é ter uma sociedade em que todo mundo tenha o suficiente para atender às próprias necessidades e ninguém acumule fortunas desnecessárias apenas por ganância.

O homem rico disse, "Antes que me mande para a cadeia, eu quero ver o imperador, pois isso não está de acordo com a constituição; isso não está de acordo com a lei deste país".

Lao Tzu disse, "Isso é uma falha da constituição e uma falha das leis deste país. Não sou responsável por isso. Vá e fale com o imperador".

Entenda as raízes da escravidão   *21*

O homem rico disse ao imperador, "Ouça, este homem deve ser imediatamente deposto do seu cargo; ele é perigoso. Hoje estou indo para a cadeia, amanhã será o senhor. Se quiser se salvar, este homem tem de ser afastado; ele é absolutamente perigoso. E é também extremamente racional. O que ele está dizendo está certo; eu entendo — mas ele destruirá a todos nós!"

O rei entendeu perfeitamente bem a situação. "Se esse homem abastado é um criminoso, então eu sou o maior criminoso do país. Lao Tzu não hesitará em me mandar para a cadeia".

Lao Tzu foi tirado do posto. Ele disse, "Eu tentei avisá-lo antes; você está desperdiçando o meu tempo desnecessariamente. Eu disse que não era o homem certo. A realidade é que a sua sociedade, as suas leis e a sua constituição não estão certas. Você precisa das pessoas erradas para levar adiante esse sistema completamente errado".

O problema é que as forças que criamos para evitar que o homem se esfacelasse no caos agora são tão poderosas que elas não querem deixá-lo livre para crescer — pois, se ele conseguir crescer, tornar-se um indivíduo, alerta, consciente, não haverá necessidade de todas essas pessoas. Elas ficarão todas sem trabalho e, junto com esse trabalho, perderão também o seu prestígio, o seu poder, a sua liderança, o seu sacerdócio, o seu papado — tudo isso acabará. Por isso, aqueles que no início eram necessários para dar proteção agora passaram a ser inimigos da humanidade.

Minha postura não é brigar com essas pessoas, pois elas são poderosas, elas têm exércitos, têm dinheiro, têm tudo. Você não pode brigar com elas, você será destruído. O único jeito de sair dessa confusão é começar silenciosamente a desenvolver sua consciência; e isso eles não podem impedir à força. Na verdade, eles não podem nem sequer saber o que está se passando dentro de você.

Eu ofereço a você a alquimia da transformação interior. Mude o seu ser interior. E no momento em que mudar, em que for completa-

LIBERDADE

mente transformado, você repentinamente verá que não está mais aprisionado, não é mais um escravo. Você era um escravo por causa do seu caos.

Aconteceu na revolução russa...

No dia em que ocorreu a revolução, uma mulher, em Moscou, começou a andar no meio da rua. O policial disse, "Isso não está certo. Você não pode andar no meio da rua".

A mulher disse, "Agora somos livres".

Mesmo que você seja livre, terá de seguir as leis de trânsito; de outro modo, o tráfego ficará impossível. Se os carros e as pessoas andarem por onde quiserem, virarem onde quiserem, não respeitarem os faróis, as pessoas simplesmente se envolverão em acidentes, se matarão. Isso colocará o exército na rua, para fazer com que as pessoas respeitem a lei e sigam pela direita ou pela esquerda, dependendo do que for correto no país, mas ninguém pode andar no meio da rua. Então, sob a mira de um revólver, você terá de seguir as regras. Eu nunca me esqueço dessa mulher, ela é muito simbólica.

Liberdade não significa caos. Liberdade significa mais responsabilidade, tanta responsabilidade que ninguém precisa interferir na sua vida. Você não precisa ser incomodado, o governo não precisa interferir na sua vida, a polícia não precisa interferir na sua vida, as leis nada têm que ver com você — você está simplesmente fora do mundo deles.

Esse é o meu ponto de vista — se você realmente quer transformar a humanidade, cada indivíduo precisa começar a crescer por si mesmo. E, na verdade, a multidão não precisa de crescimento.

O crescimento é como uma criança se desenvolvendo no útero da mãe. Nenhuma multidão é necessária: a mãe só precisa ser cuidadosa. Um novo ser humano tem de nascer em você. Você tem de se tornar o útero de um novo ser humano. Ninguém saberá disso, e é melhor que ninguém saiba mesmo. Você simplesmente continua fa-

Entenda as raízes da escravidão   *23*

zendo o seu trabalho de todo dia, vivendo no mundo de todo dia, sendo simples e comum — sem virar revolucionário, reacionário, *punk*, *skinhead*. Isso não vai ajudar em nada. Isso é pura estupidez. Eu compreendo que seja causado pela frustração, mas ainda assim é insano. A sociedade é insana e, por causa da frustração, você fica insano? A sociedade não tem medo dessas pessoas; a sociedade só tem medo de pessoas que podem ficar tão centradas, tão conscientes que as leis passam a não ter utilidade para elas. Elas sempre fazem tudo certo. Elas estão além das garras dos chamados interesses poderosos.

Se os indivíduos crescem, a sociedade míngua. O modo como eles conheciam a sociedade — com governo, exército, tribunais, polícia, prisões —, essa sociedade minguará. É claro que, pelo fato de existirem tantos seres humanos, novas formas de coletividades surgirão. Eu não gostaria de chamá-las de "sociedade", só para evitar a confusão entre as palavras. Eu chamo a nova coletividade de "comuna". A palavra é significativa: quer dizer um lugar em que as pessoas não só vivem juntas, mas onde elas estão em profunda comunhão.

Viver junto é uma coisa; nós vivemos juntos: em toda cidade, em todo vilarejo, milhares de pessoas estão vivendo juntas —, mas que tipo de convivência é essa? As pessoas nem sequer conhecem os vizinhos! Elas vivem no mesmo prédio, centenas de pessoas, e nunca vêm a saber que vivem no mesmo lugar. Isso não é convivência, porque não há comunhão. É simplesmente uma multidão, não uma comunidade. Assim, eu gostaria de substituir a palavra sociedade pela palavra *comuna*.

A sociedade se apóia em certos princípios básicos. Você terá de eliminá-los, do contrário a sociedade não desaparecerá. A primeira e mais importante unidade da sociedade tem sido a família: se a família continuar do jeito que é, a sociedade não pode desaparecer, a Igreja não pode desaparecer; assim, as religiões não podem desaparecer. Assim, não podemos criar um mundo, uma humanidade.

Do ponto de vista psicológico, a família é obsoleta. Não que ela sempre tenha existido; houve um tempo em que não havia família; as pessoas viviam em tribos. A família passou a existir por causa da propriedade particular. Havia pessoas poderosas que conseguiam acumular mais propriedades particulares do que outras e queriam que essas propriedades ficassem para os filhos. Até essa época não havia essa questão de família. Homens e mulheres se uniam por amor; não havia casamento ou família. Mas depois que a propriedade passou a existir, o homem ficou extremamente possessivo com relação à mulher. Ele passou a considerar a mulher como parte dos seus bens.

Nas línguas da Índia, a mulher é, na verdade, chamada de "propriedade". Na China, a mulher era a tal ponto considerada uma propriedade que, se o marido matasse a esposa, não havia nenhuma lei que o punisse. Nenhum crime fora cometido — você é absolutamente livre para destruir a sua propriedade. Você pode queimar a sua mobília, pode incendiar a sua casa... Não é crime, a casa é sua. Você pode matar a sua mulher.

Com a propriedade particular, a mulher também passou a ser uma propriedade e eram usados todos os artifícios para que o homem pudesse ter certeza absoluta de que a criança que a esposa dera à luz era mesmo dele.

Ora, esse é um problema diferente: o pai nunca consegue ter certeza absoluta; só a mulher sabe. Mas o pai criava todo tipo de barreira contra a livre circulação da mulher, de modo que ela não pudesse entrar em contato com outro homem. Todas as possibilidades e todas as portas eram fechadas.

Não é uma coincidência o fato de que só as mulheres idosas vão às igrejas e aos templos, pois durante séculos esse era o único lugar em que elas tinham permissão de ir, sabendo perfeitamente bem que a Igreja protege a família. A Igreja está perfeitamente ciente de que o fim da família é também o fim da Igreja. E a Igreja, evidentemente, é

Entenda as raízes da escravidão 25

o último lugar em que um caso romântico pode acontecer. Elas têm tomado todas as precauções. E o padre tem de ser celibatário — são garantias — o padre é celibatário, é contra o sexo, é contra as mulheres, em cada religião de um modo diferente.

O monge jainista não pode tocar uma mulher; na verdade, a mulher não pode ficar a menos de dois metros e meio do monge jainista. O monge budista não pode tocar uma mulher. Existem religiões que não permitem que as mulheres entrem nos seus locais religiosos ou elas têm patrícios para separá-las dos homens. Estes ocupam a parte principal do templo ou da mesquita; as mulheres ficam num canto, separadas. Os homens não podem nem sequer vê-las; encontrar alguém é impossível.

Muitas religiões, como o Islamismo, cobrem o rosto das mulheres. O rosto das mulheres muçulmanas fica pálido porque nunca toma sol. O rosto delas fica coberto, o corpo delas é coberto de todos os modos possíveis. A mulher não recebe educação porque a educação faz com que as pessoas tenham tipos estranhos de pensamento. As pessoas começam a pensar, começam a discutir.

Não se permitia que a mulher tivesse um trabalho remunerado, pois isso significava independência. Então ela era isolada em todos os lugares apenas por esta simples razão: para que o homem pudesse ter certeza de que o filho era realmente dele. Aqueles que eram realmente poderosos — os reis, por exemplo — tinham servos castrados, pois eles circulavam pelo palácio, trabalhando e servindo às pessoas. Eles tinham de ser castrados; do contrário, havia perigo. Havia perigo porque todos os imperadores tinham centenas de esposas, muitas que ele nem sequer via. Naturalmente, elas podiam se apaixonar por alguém. Mas só se permitiam homens castrados no palácio, portanto, mesmo que as mulheres se apaixonassem, elas não poderiam ter filhos. Isso era o principal.

A família tem de desaparecer e dar lugar à comuna. A comuna significa que reunimos todas as nossas energias, todo o nosso dinheiro, todas as coisas num fundo comunitário — que fica sob a guarda de todas as pessoas. As crianças pertencem à comuna; assim, não existe a questão da herança individual. E com todas as energias, todo o dinheiro, todos os recursos compartilhados, toda a comuna pode ser rica e toda comuna pode desfrutar de uma vida igualitária.

Depois que os indivíduos estiverem crescendo e todas as comunidades estiverem crescendo lado a lado, a sociedade desaparecerá e, com a sociedade, todos os males que a sociedade criou.

Eu darei um exemplo.

Somente na China um salto extremamente revolucionário foi dado dois mil anos atrás. Naquela época, o paciente tinha de pagar o médico enquanto continuasse saudável. Se ficasse doente, o médico não precisava receber nenhum pagamento. Isso parece muito estranho. Nós pagamos o médico quando estamos doentes e ele nos deixa saudáveis novamente. Mas isso é perigoso, pois faz com que o médico fique dependente da sua doença. A doença se torna interessante para ele: quanto mais pessoas ficam doentes, mais o médico ganha. O seu maior interesse não é mais a saúde, mas a doença. Se todo mundo ficar saudável, o médico será o único que ficará doente!

Eles tiveram uma idéia revolucionária, prática: toda pessoa tem o seu médico e, contanto que essa pessoa fique saudável, o médico é pago todo mês. É dever do médico manter a pessoa saudável — e, naturalmente, é o que ele fará, pois é pago para isso. Se a pessoa cair doente, o médico perde dinheiro. Quando há epidemias, o médico vai à bancarrota. Nos dias de hoje, acontece justamente o contrário.

Eu ouvi uma história — O médico procurou Mulá Nasruddin e disse, "Você não pagou e eu já vim várias vezes lembrá-lo de que curei o seu filho da catapora, mas você não me ouve".

Mulá disse, "É melhor que você me ouça; do contrário, levarei você à justiça".

O médico disse, "Isso é estranho... eu cuidei do seu filho".

Mulá disse, "Sim, isso eu sei — mas quem provocou uma epidemia na cidade inteira? Meu filho! Portanto, todo o dinheiro que você ganhou, você tem de dividir comigo".

Ele estava certo. O filho dele tinha feito um belo trabalho e, desde aquele dia, o médico não voltou mais para reclamar o dinheiro. O argumento de Mulá estava correto. O médico tinha ganho muito com a epidemia.

Mas esse é um sistema muito errado. A comuna tem de pagar o médico para que a mantenha saudável e, se alguém fica doente na comuna, o salário do médico é cortado. Assim, a saúde é o negócio do médico, não a doença. E dá para ver a diferença: no Ocidente, o negócio do médico chama-se "medicina", que está relacionada à doença. No Oriente, ela é chamada "ayurveda", que significa "a ciência da vida" — não da doença. O principal negócio do médico deveria consistir em fazer com que as pessoas tivessem uma vida mais longa, mais saudável e plena, e ele deveria ser pago por isso. Assim, cada comuna conseguiria pagar com facilidade o médico, o encanador, o engenheiro — qualquer serviço necessário. Essa é a responsabilidade da comuna e as pessoas que prestam serviço a ela deveriam fazer revezamento para que nenhum centro de poder voltasse a surgir.

A comissão administrativa da comuna deveria passar por um revezamento também; todo ano novas pessoas entrariam nessa comissão e os membros antigos sairiam, de tal modo que ninguém se viciasse no poder. O poder é a pior droga na qual alguém pode se viciar; ele precisa ser concedido, mas em pequenas doses e não por muito tempo. Deixe o indivíduo e a comuna crescerem.

Mas, por hora, esqueça tudo sobre a sociedade; não brigue com ela. Não há nada a fazer a respeito. Deixe a sociedade continuar como está. Se ela quiser subsistir, terá de mudar a forma como é, sua estrutura. Se quiser ser extinta, deixe-a se extinguir. Isso não fará mal nenhum. O mundo está superpovoado; ele precisa apenas de um quarto da sua população. Portanto, as velhas cabeças putrefatas, que não podem conceber nada de novo, que são absolutamente cegas e não conseguem ver que o que estão fazendo é prejudicial e venenoso... se elas decidirem morrer, deixemos que morram silenciosamente. Não vamos incomodá-las.

Eu não ensino você a ser revolucionário. Quero que seja um transformador muito silencioso, quase secreto. Porque todas as revoluções fracassaram. Ora, o único caminho possível é fazê-la de modo tão silencioso e pacífico que ela possa acontecer.

Existem coisas que só acontecem no silêncio. Por exemplo, se gosta de árvores, você não pode tirar a muda da terra todos os dias para examinar as raízes, senão você a matará. Essas raízes têm de ficar enterradas. Silenciosamente, elas continuam a fazer o trabalho delas.

O meu pessoal tem de ser como as raízes; trabalham em silêncio, mudando a si mesmos, mudando qualquer um que esteja interessado; difundindo os métodos que podem promover essa mudança; criando pequenos ajuntamentos, pequenos grupos, pequenas comunas e, sempre que possível, comunas maiores. Mas deixemos que essa coisa toda aconteça muito silenciosamente; sem criar nenhum tumulto.

O indivíduo só pode existir se a sociedade perecer; os dois não podem existir ao mesmo tempo. É hora de a sociedade morrer, e nós encontraremos novas formas de convivência que não serão formais, que terão mais a ver com o coração. A família impede que isso aconteça. A família estabelece um limite em torno de cada criança. Ela diz, "Eu sou o seu pai, então me ame. Eu sou sua mãe, então me ame. Eis aqui a sua família. Se for preciso, sacrifique-se pela sua família". A mesma idéia é projetada numa escala maior quando se trata de uma nação: "Esta é a sua nação. Se ela precisar de você, sacrifique-se". Família, sociedade, nação...é a mesma idéia ficando cada vez maior.

Portanto, a principal crítica é com relação à família. A família é a raiz de todos os nossos problemas. Nossa pobreza, nossa loucura, nosso vazio, nossa falta de amor — tudo isso é causado pela família. E a família é a causa de todos os nossos condicionamentos. Desde o início, ela começa a condicionar a nossa mente: "Você é judeu, você é cristão, você é hindu, você é isto ou aquilo" — e a pobre criança não sabe que bobagem você está falando.

Ouvi falar de um rabino e um bispo. Eles moravam de frente um para o outro e, naturalmente, estavam constantemente competindo com relação a tudo. Era uma questão de provar o prestígio de sua religião.

Uma manhã, o rabino viu o bispo aparecer com um carro novo. Ele perguntou, "O que está fazendo?"

O bispo estava espargindo água sobre o carro. Ele respondeu, "Estou batizando o carro. É meu carro novo — um Cadillac".

O rabino ficou inconformado. Diante dos seus próprios olhos, diante da porta da sua casa, estavam tornando o carro cristão!

No dia seguinte, quando o bispo saiu de casa, ficou surpreso. Perguntou ao rabino, "O que está fazendo?"

Um belo Rolls Royce estava parado em frente e o rabino estava arrancando o escapamento do carro. Ele disse, "Estou circuncisando o Rolls Royce. Agora ele é judeu!"

É isso o que eles fazem com todas as crianças. E toda criança é tão inocente quanto o Cadillac e o Rolls Royce; ela não sabe o que estão fazendo com ela.

A família é a base de todos os condicionamentos; ela lhe dá de herança todo o passado e o peso, o fardo, de todas aquelas coisas que se provaram erradas durante centenas de anos. Você está sobrecarregado com todas essas coisas erradas e sua mente está fechada e atravancada, sem poder receber nada novo que vá contra ela. A sua mente está simplesmente cheia de coisas erradas.

Se as crianças estiverem sob os cuidados da comuna... Eu já experimentei e constatei que ela é extremamente bem-sucedida. As crianças são muito mais felizes porque são bem mais livres. Nenhum condicionamento é impresso nelas; elas amadurecem mais cedo e, pelo fato de ninguém tentar torná-las dependentes, elas ficam independentes. Ninguém facilita as coisas para elas, então elas têm de se virar sozinhas. Isso traz maturidade, lucidez, uma certa força. E todas elas meditam: a meditação não é um condicionamento; é simplesmente sentar-se em silêncio, sem fazer nada, só apreciando o silêncio — o silêncio da noite, o silêncio do início da manhã, e aos poucos você vai se familiarizando com o silêncio que permeia o seu ser interior. Então, no momento em que fecha os olhos, você cai num lago silencioso, que é insondável. E desse silêncio você sempre sai revigorado.

Desse silêncio vem o seu amor, vem a sua beleza, vem uma profundidade especial nos seus olhos; uma aura especial em seu ser, uma força para a sua individualidade e o respeito por si mesmo.

∽∾

Liberdade individual e autoridade de um lado e autoritarismo e ditadura do outro impulsionam a vida do homem e as suas inspirações. Por favor, comente sobre isso.

∽∾

Trata-se do mesmo problema, da mesma pergunta, formulada de modo diferente. A sociedade á autoritária; a Igreja é autoritária; o sistema educacional é autoritário. Todos eles dizem, "Tudo o que dizemos está certo e você não precisa questionar nada. Basta que nos siga".

E existem problemas, no sistema educacional, por exemplo. Eu fui aluno, fui professor e sei que, na maior parte da vida, a pessoa é maltratada por pessoas autoritárias nas escolas, nas faculdades e nas universidades.

Entenda as raízes da escravidão   31

Eu fui escorraçado por muitos colegas pelo simples fato de não aceitar nenhum autoritarismo. Eu dizia, "Se você provar, estou pronto para aceitar o que diz. Se não provar, sem me dar os argumentos certos, sem expor a coisa de modo racional, eu não vou aceitar o que diz". E eu brigava por tudo, porque em todas as matérias os professores simplesmente faziam preleções. Os alunos tomavam nota, porque só era preciso que repetissem, nas provas, o que o professor dizia na sala de aula. E quanto melhor a pessoa repetisse, exatamente como um papagaio, maior era o mérito dela.

Mas esses professores tinham dificuldade para provar até mesmo as coisas mais insignificantes e isso era embaraçoso para eles. Todo dia havia um ponto em discussão. Bastava que dissessem alguma coisa para eu já me levantar — e eu fazia perguntas relevantes — "Com base em que...?"

Por exemplo, um dos meus professores que ensinava religiões afirmou que os *Vedas* — as santas escrituras hindus — tinham sido escritas por Deus. Eu tive de me levantar. "Eu discordo. Em primeiro lugar, você não pode provar a existência de Deus. Em segundo lugar, você está dizendo agora que esses livros, que estão cheios de tolices, foram escritos por Deus. Você um dia já estudou os *Vedas*?" Eu perguntei a ele, "Você já os leu da primeira página à última?" Existem quatro *Vedas*, são livros enormes. "Eu tenho todos os quatro comigo e posso abrir uma página ao acaso e ler, e deixe que toda a classe decida se de fato se trata de uma afirmação que Deus escreveria."

Os *Vedas* estão cheios de orações. Ora, *Deus* não pode rezar; para quem ele rezaria? E orações por coisas tão idiotas que é simplesmente ridículo dizer que elas escritas por Deus. Um brâmane está rezando, "Eu nunca deixo de cumprir os rituais, vivo de acordo com as escrituras e o Senhor ainda não me deu um filho. Conceda-me um filho; essa será a prova de que as minhas orações são ouvidas".

Eu perguntei a ele, "Como Deus pode ter escrito essa passagem? Ela foi escrita por alguém que se dirige a Deus, mas não pode ter sido escrita pelo próprio Deus. E se essa é a situação de Deus, esse pobre camarada não deveria ser incomodado. Deus está pedindo um filho para alguém, então por que não podemos recorrer à mesma fonte? Por que deveríamos incomodar esse pobre camarada?"

A única resposta dos professores, no final das contas, era dizer que todos os colegas me rejeitariam. O diretor dizia, "Sentimos muito. Sabemos que está certo, mas temos de dirigir a faculdade. Você destruirá toda a instituição. Os professores estão ameaçando se demitir, os alunos reclamam que você não deixa que os professores ensinem, pois, todo dia, basta uma pequena questão para que percam a aula inteira. Oito meses já se passaram e o curso não acabará daqui a dois meses se a coisa continuar desse jeito.

"Os alunos têm de vir aqui para passar nas provas; eles não estão interessados na verdade, não estão interessados na veracidade de nenhuma declaração. A única razão de estarem aqui é conseguir um diploma. E você é um sujeito estranho — não parece estar interessado em diplomas."

Eu dizia, "Não estou mesmo interessado em diplomas. O que eu faria com diplomas conferidos por essas pessoas que não sabem nada? Eu não consigo pensar nessas pessoas como os meus examinadores. No dia em que você me der o diploma, eu o rasgarei no mesmo instante diante de você — pois essas pessoas não conseguem responder às perguntas mais simples".

Mas todo o sistema funciona assim. Quando eu mesmo me tornei professor, tive de inventar um esquema. O esquema era o seguinte: em cada aula de quarenta minutos, durante vinte minutos eu seguia o roteiro do curso e, nos outros vinte, eu o criticava. Os meus alunos diziam, "Vamos ficar loucos!"

Eu dizia, "Isso é problema de *vocês* — acontece que eu não posso deixar de criticar essas afirmações. Vocês podem escolher; quando chegarem as provas, vocês podem escolher o que preferem escrever. Se quiserem ser reprovados, escolham a minha parte da aula. Se quiserem passar, optem pela primeira parte. Estou deixando tudo bem claro; não estou enganando ninguém — mas eu não posso enganar vocês ensinando-lhes algo que acho totalmente errado".

O vice-reitor teve finalmente de me telefonar, e então me disse, "Esse é um modo estranho de ensinar. Tenho recebido relatos todos os dias de que, numa metade da aula, você segue o roteiro do curso e, na outra, você apresenta os seus argumentos, que vão totalmente contra o que ensinou. Então os alunos saem da classe tão vazios quanto entraram... Na verdade, mais confusos ainda!"

Eu disse, "Não estou preocupado com ninguém. O que fizeram comigo durante todos os anos em que fui aluno? Fui rejeitado por todos os colegas. Você pode vir um dia e ver se estou cometendo alguma injustiça com o curso recomendado. Quando eu sigo o roteiro, faço o máximo possível para torná-lo claro".

Ele veio um dia assistir à aula e, depois de vinte minutos, disse, "Foi realmente ótimo. Eu também fui um dia aluno do curso de filosofia, mas nunca ninguém me falou sobre isso dessa forma".

Eu disse, "Essa é só metade da história. Aguarde um momento, pois agora vou refutar tudo, ponto por ponto".

E depois que eu refutei tudo, ele disse, "Meu Deus! Agora posso entender por que esses pobres alunos estão me procurando. Você não pode ser professor neste tipo de estrutura educacional. Sei que o que está dizendo é absolutamente correto, mas esse sistema não forma pessoas inteligentes; este sistema só forma pessoas de boa memória — e é isso que é necessário. Precisamos de escriturários, precisamos de burocratas — e nesses empregos não é preciso inteligência, é preciso boa memória".

Eu disse, "Em outras palavras, vocês precisam de computadores, não de seres humanos. Se é esse o seu sistema educacional, então cedo ou tarde vocês irão substituir os seres humanos por computadores"

34 LIBERDADE

— e é isso o que eles estão fazendo. Em todo lugar, então acabando com cargos importantes e substituindo por computadores, pois os computadores são mais confiáveis. Eles só têm memória, não têm inteligência.

O ser humano tem uma certa inteligência, embora reprimida.

O homem que jogou bombas atômicas em Hiroshima e Nagasaki — se fosse um computador, não haveria dúvida: no mesmo instante, exatamente no mesmo ponto, a bomba teria sido jogada e ele voltaria. Teria sido um ato simplesmente mecânico. Mas o homem que atirou a bomba, embora a sua inteligência pudesse ter sido destruída, teve de pensar duas vezes antes de cumprir a sua tarefa. Matar centenas de milhares de pessoas que eram absolutamente inocentes, que eram civis, não militares, que não tinham feito mal algum a ninguém — seria correto?

Agora, em todos o lugares, todas as armas nucleares estão sob o controle dos computadores, não em mãos humanas. Os computadores travarão a terceira guerra mundial. Os seres humanos serão mortos — essa é outra questão. Os computadores não ligam a mínima se a humanidade sobreviverá ou se será extinta; isso não importa para eles. Mas eles farão um trabalho exato e eficiente como homem nenhum pode fazer. O homem pode hesitar em destruir toda a humanidade. Um pouco de inteligência, só um pouquinho é suficiente para suscitar a pergunta, "O que estou fazendo aqui?"

Todas as nossas instituições, as nossas religiões, são autoritárias. Elas não lhe dizem por quê: "Simplesmente faça isso porque está escrito no livro, porque Jesus disse isso". Jesus não deu nem sequer uma explicação do porquê aquilo tinha de ser feito; ele não deu nenhum embasamento racional para nenhuma das suas doutrinas. Nem Moisés fez isso, nem Krishna.

Krishna simplesmente disse para Arjuna, "Isso vem de Deus: Você tem de lutar". Isso é autoritarismo. E Deus é usado, é manipulado

Entenda as raízes da escravidão

em todas as situações para fazer com que qualquer coisa que você diga seja absolutamente inquestionável. Temos de destruir todo o autoritarismo que existe neste mundo. A autoridade é totalmente diferente. O autoritarismo está ligado à sociedade, à Igreja; a autoridade é algo que se refere à realização pessoal.

Se eu digo algo a você, eu digo com autoridade. Isso simplesmente significa que estou dizendo isso porque essa é a minha *experiência*, mas isso não significa que você tenha de acreditar. Basta que você ouça; agora você pode refletir a respeito, você pode decidir se é contra ou a favor.

Para mim, o importante não é que você decida ser *a favor* do que eu disse; o importante para mim é que você decida *por si próprio*. A sua decisão pode ser discordar, isso não importa, mas a decisão tem de vir de você. Se não vier, então *você* está me tornando autoritário.

Eu estou falando com base na minha autoridade. Por gentileza, não faça de mim uma pessoa autoritária, pois estou simplesmente expondo o fato com todo o ímpeto e ardor de que sou capaz — o que eu disse ficou absolutamente claro para você e agora você é livre para decidir. Eu não estou decidindo por você, não estou pedindo para que tenha fé em mim ou para que acredite em mim.

Estou simplesmente pedindo, "Dê-me uma pequena chance. Pense no que estou dizendo", e eu ficarei grato se você pensar a respeito. É o que basta. O fato de pensar aguçará a sua inteligência... e eu confio na sua inteligência. Se você pensar, e a sua inteligência ficar mais aguçada, eu saberei que qualquer coisa que você conclua estará certa.

E mesmo que você chegue à conclusão errada às vezes, não importa. A pessoa tem de cair muitas vezes e se pôr novamente de pé. Assim é a vida. Ela tem de cometer erros e aprender com eles, e transformar todo obstáculo num degrau.

36   LIBERDADE

Mas, quanto a mim, não existe essa questão de crença ou fé. Com a liberdade individual, o autoritarismo acaba e surge algo novo: a autoridade. Todo indivíduo é capaz de ter as suas próprias experiências; então ele tem autoridade, então ele pode dizer, "Eu percebi. Eu experimentei. Eu apreciei. Eu dancei. E não é uma questão de repetir o que está registrado em alguma escritura; estou simplesmente abrindo meu coração para você".

A autoridade faz parte da experiência.

O autoritarismo pertence a outra pessoa, não a você; por isso ele gera escravidão, não liberdade. E, para mim, liberdade é o valor supremo, pois só com liberdade você pode desabrochar, e desabrochar até realizar todo o seu potencial.

❧

A sociedade é um fato real determinado pela existência do homem ou é um conceito falso, um condicionamento que só existe porque o homem está adormecido?

❧

A sociedade não é uma realidade existencial. Ela é criada pelo homem porque o homem está adormecido, porque o homem está em meio ao caos, porque o homem não é capaz de ter liberdade sem transformá-la em licenciosidade. O homem não é capaz de ter liberdade e não tirar vantagem dessa liberdade. Portanto, a sociedade é uma criação do homem, artificial — mas necessária.

Como a sociedade é artificial, pode-se acabar com ela. Só porque ela foi necessária um dia, isso não significa que tenha de ser necessária para sempre. O homem tem simplesmente de mudar as condições que a tornaram necessária. E é bom que ela não seja existencial, senão não haveria jeito de nos livrarmos dela.

Ela é algo que nós próprios fabricamos. Podemos destruí-la no dia em que quisermos.

Como evoluir, deixando para trás a coletividade, as nações, sem cair na barbárie de egos isolados, lutando uns contra os outros?

Todas as perguntas de vocês giram em torno de uma coisa. Eu gostaria de dar uma única resposta.

Lembro-me de uma parábola...

Um grande mestre estava sentado à beira-mar, na praia, e um homem que buscava a verdade se aproximou dele, tocou os seus pés e pediu, "Se não for incomodar, eu gostaria de fazer qualquer coisa que o senhor sugira para me ajudar a encontrar a verdade".

O mestre simplesmente fechou os olhos e ficou em silêncio.

O homem sacudiu a cabeça, dizendo para si mesmo, "Esse homem parece louco. Eu lhe faço uma pergunta e ele fecha os olhos". Ele cutucou o mestre e insistiu, "E a minha pergunta?"

O mestre disse, "Eu a respondi. Basta sentar-se em silêncio... não faça nada e a grama cresce por si mesma. Você não precisa se incomodar com isso — tudo acontecerá por si mesmo. Basta que se sente em silêncio, aprecie o silêncio".

O homem disse, "O senhor pode me dar um nome para isso — porque as pessoas vão me perguntar 'O que você está fazendo?'"

Então o mestre escreveu na areia com o dedo: meditação.

O homem disse, "Essa é uma resposta muito breve. Explique melhor".

O mestre escreveu com letras maiúsculas: MEDITAÇÃO.

O homem disse, "Mas são apenas letras maiúsculas. O senhor escreveu a mesma coisa".

O velho mestre disse, "Se eu disser mais do que isso, estará errado. Se pode entender, então faça o que eu disse e você saberá".

E essa é a minha resposta também.

Cada pessoa tem de se tornar um praticante de meditação, um observador silencioso, de modo que possa descobrir por si mesma. E essa descoberta vai mudar tudo em torno dela. E se conseguirmos mudar muitas pessoas por meio da meditação, conseguiremos criar um mundo novo.

Muitas pessoas esperam há séculos por um mundo novo, mas elas não têm idéia de como criá-lo. Estou dando a vocês a ciência exata para criá-lo. Meditação é o nome dessa ciência.

O PROBLEMA DE DEUS

Existe uma frase profética de Friedrich Nietzsche: "Deus está morto e o homem está livre". Ele teve uma grande clareza de visão. Pouquíssimas pessoas são capazes de entender a profundidade do que ele disse. Trata-se de um marco na história da consciência.

Se existir um Deus, o homem nunca pode ser livre — essa é uma impossibilidade. Deus e a liberdade do homem não podem coexistir, pois o próprio significado de Deus é que ele é o criador; então nós somos reduzidos a marionetes. E, se ele pode nos criar, então pode nos destruir a qualquer momento. Ele nunca pediu para nos criar — ele não é obrigado a pedir para nos destruir. Ele nos cria ou nos destrói por puro capricho. Como você pode ser livre? Você não é livre nem para existir. Nem mesmo para nascer você tem liberdade, nem mesmo para morrer você a tem — e entre essas duas escravidões, você acha que a sua vida pode ser livre?

Deus tem de morrer para que a liberdade do ser humano seja resgatada.

A escolha é clara; não há como entrar num acordo. Com Deus, o homem continuará sendo um escravo e a liberdade, uma palavra vazia. Apenas sem Deus a liberdade começa a fazer sentido.

Mas a afirmação de Nietzsche é só uma parte; ninguém tentou concluí-la. Ela parece completa, mas as aparências enganam.

Nietzsche não estava a par de que existem religiões no mundo que não têm nenhum Deus — contudo, nem nessas religiões o homem é livre. Ele não conhecia o Budismo, o Jainismo, o Taoísmo — as mais profundas de todas as religiões. Pois em nenhuma delas existe um Deus.

Pela mesma razão Lao Tzu, Mahavira e Gautama Buda negaram Deus — pois eles podiam perceber que, com Deus, o homem não passa de uma marionete. Com ele, todos os esforços para atingir a iluminação ficariam sem sentido; você não é livre, como pode ficar iluminado? Existe alguém onipotente, todo-poderoso — ele pode acabar com a sua iluminação. Ele pode destruir qualquer coisa!

Mas Nietzsche não se deu conta de que existem religiões destituídas de um Deus. Durante milhares de anos existiram pessoas que compreenderam que a existência de Deus é a maior barreira para a liberdade do homem — elas eliminaram Deus. Mesmo assim, o homem não é livre.

O que estou querendo que você entenda é que o mero fato de Deus estar morto não é suficiente para tornar o homem livre. Você terá de fazer com que mais uma coisa morra — a religião.

É por isso que eu digo que a religião também tem de morrer; ela tem de ir pelo mesmo caminho de Deus. E temos de criar uma religiosidade destituída de Deus e de religião, que não tenha ninguém "lá em cima" que seja mais poderoso do que você e nenhuma religião organizada para criar diferentes tipos de prisão — cristãs, muçulmanas, hindus, budistas. Belas prisões...

Com Deus e a religião mortos, uma outra coisa morre automaticamente — o sacerdócio, o líder, as diferentes formas de líder religioso. Ele passa a não ter função. Não existe nenhuma religião organizada em que ele possa ser um papa ou um shankaracharya ou um aiatolá. Ele não tem nenhum Deus a quem representar; a sua função deixa de existir.

40   LIBERDADE

Buda, Mahavira, Lao Tzu descartaram Deus assim como Friedrich Nietzsche — sem saber, sem perceber que, se a religião continuar existindo mesmo sem Deus, o sacerdote arranjará um jeito de manter o homem na servidão. E ele *tem* de fazer isso.

Por isso, para completar a descoberta de Friedrich Nietzsche, a religião tem de morrer. Não há razão para existir uma religião organizada caso não exista nenhum Deus. Para quem a religião organizada vai existir? As igrejas, os templos, as mesquitas, as sinagogas têm de desaparecer. E com isso os rabinos e os bispos e todos os tipos de líderes religiosos ficam simplesmente sem trabalho, passam a ser inúteis. Mas uma tremenda revolução acontece: o homem passa a ser absolutamente livre.

Antes que eu possa comentar a respeito das implicações dessa liberdade, você tem de entender: se a descoberta de Friedrich Nietzsche estiver completa, então que tipo de liberdade os seres humanos poderão ter? Deus está morto, o homem está livre... livre para quê? A liberdade dele será como a de qualquer outro animal.

Não é correto chamar isso de liberdade — é licenciosidade. Não é liberdade porque não traz consigo nenhuma responsabilidade, nenhuma consciência. Não ajudará o homem a se elevar a ser algo superior ao que ele é na sua escravidão. A menos que a liberdade leve você a ficar acima do que você era na escravidão, ela não tem sentido. É impossível que a sua liberdade possa levá-lo abaixo da sua escravidão, pois a escravidão tem uma certa disciplina, tem uma certa moralidade, tem certos princípios. Ela tem uma certa religião organizada para cuidar de você, para deixá-lo com medo do castigo e do inferno, para mantê-lo ávido por recompensas e pelo céu, e para mantê-lo um pouco acima do animal selvagem, que tem liberdade, mas uma liberdade que não faz dele um ser superior. Ela não confere a ele nenhuma qualidade que você possa apreciar.

Nietzsche não fazia idéia de que não basta dar liberdade... além de não bastar, é perigoso. Pode reduzir o homem à animalidade. Em nome da liberdade, ele pode se perder e deixar de alcançar estados de consciência mais elevados.

Quando digo que Deus está morto, quero dizer que a religião como um corpo organizado está morta — o homem fica livre para ser ele mesmo. Pela primeira vez ele fica livre para explorar o âmago do seu ser sem nenhum impedimento. Ele fica livre para mergulhar nas profundezas do seu ser, voar até as alturas da sua consciência. Não há ninguém para atrapalhá-lo; a sua liberdade é completa. Mas essa liberdade só é possível se — com Deus passando a não existir mais, a religião passando a não existir mais, a liderança religiosa passando a não existir mais —, pudermos salvar algo que eu chamo a qualidade da religiosidade, de modo que só essa religiosidade esteja viva. E a religiosidade está em perfeita harmonia com a liberdade humana; ela promove o crescimento humano.

Quando me refiro à "religiosidade" quero dizer que o homem, do jeito que é, não basta. Ele pode ser mais, pode ser muito mais. Seja o que for, ele é apenas uma semente. Ele não sabe o potencial que carrega dentro de si.

A religiosidade simplesmente significa um desafio para crescer, um desafio para que a semente chegue ao auge da sua expressão, para que ela exploda em milhares de flores e libere a fragrância que estava escondida dentro dela. Essa fragrância eu chamo de religiosidade. Ela não tem nada a ver com as chamadas religiões, não tem nada a ver com Deus, não tem nada a ver com o sacerdócio; ela tem algo a ver com você e com as suas possibilidades de crescimento.

A IDÉIA DE SINA E DE DESTINO

Não existe nem sina nem destino. Você está apenas tentando jogar a sua responsabilidade sobre algo que não existe. E, como não existe, não pode reagir contra você; não pode dizer, "Por favor, não jogue a responsabilidade em mim!"

Deus é silencioso, você pode jogar qualquer coisa nas costas dele — não há nenhuma resistência, porque não há ninguém para resistir. Com a sina acontece o mesmo. Você falha no amor, falha em outras questões. Dói o fato de você ter falhado. Você precisa de algum tipo de ungüento para o seu coração ferido. A "sina" é um belo ungüento e é de graça. Você não precisa pagar por ele. Você pode dizer, "Que posso fazer? — é o destino". Sucesso ou fracasso, riqueza ou pobreza, doença ou saúde, vida ou morte — tudo está nas mãos de um poder desconhecido chamado destino. "Eu estou fazendo o melhor que posso, mesmo assim, continuo não conseguindo. Estou seguindo todos os princípios morais que me recomendaram, mesmo assim sou pobre. Vejo todos os tipos de pessoas imorais ficando ricas, subindo cada vez mais, ficando famosas. É o destino." Isso lhe dá conforto. Dá a você conforto por não estar alcançando os seus objetivos.

Isso também lhe dá o conforto de saber que, se os outros conseguiram, não há nada de mais nisso; foi só porque o destino quis assim. Por um lado, você não precisa se sentir inferior; por outro, a sua inveja gosta da idéia de que a pessoa bem-sucedida é bem-sucedida porque o destino quis assim: "Não tem nada a ver com a pessoa, ela não é superior a mim".

Deus, fé, destino — tudo se encaixa na mesma categoria: você jogando a sua responsabilidade sobre algo que não existe.

Se Deus existisse, ele não ficaria em silêncio. Estou sempre dizendo que ele não existe. Se ele existisse, esta era a hora — ele deve-

Entenda as raízes da escravidão

ria surgir e anunciar: "Estou aqui! Por que você não pára de dizer que eu não existo?" Mas ele nunca surgirá.

Sempre existiram pessoas que negaram a existência de Deus, mas ele nunca fez nenhum esforço para provar o contrário. Coisas simples... Edmund Burke, um dos filósofos mais famosos do Ocidente, pôs-se de pé numa igreja e disse ao padre, "Este é o meu relógio. Se Deus existe — não quero uma grande prova, só uma prova muito simples —, meu relógio deve parar agora. Você reza, a sua congregação pode rezar, vocês podem fazer qualquer coisa que quiserem. Convença Deus a parar o meu relógio e isso será suficiente para me converter".

Eles rezaram — era uma questão de honra para toda a Cristandade, um único homem desafiando Deus. E ele não estava pedindo um grande milagre, só um milagrezinho: "Faça com que o meu relógio pare". E Deus não conseguiu fazer isso. Edmund Burke provou que Deus não existe. Usando um argumento e tanto! — embora simples, claro, relevante.

Pelo mundo todo, as pessoas continuam jogando qualquer coisa de que queiram se livrar nas costas de Deus, da sina, do destino. Esses são apenas nomes diferentes de coisas não-existenciais. Você certamente não pode jogar o seu lixo sobre alguém que de fato existe. Paciência tem limite. Experimente jogar lixo na casa do seu vizinho. No primeiro dia talvez ele não diga nada; talvez ele espere uns dois dias — mas quanto mais do que isso? Cedo ou tarde ele vai agarrar você pelo colarinho e lhe provar: "Eu existo! Você não pode jogar lixo no meu quintal!" Mas, se não houver ninguém na casa, você pode continuar jogando lixo no quintal pelo tempo que quiser. Ninguém o impedirá, ninguém sairá um dia para dizer, "Qual é o problema? Você não tem nenhum senso de decência?"

Deus, sina, destino — essas são palavras enganosas, balelas, nada mais do que isso. Deixe-as de lado, porque isso fará de você um in-

44 LIBERDADE

divíduo, absolutamente responsável pelos próprios atos. E, a menos que assuma a responsabilidade por si mesmo, você nunca ficará forte, nunca será independente, nunca sentirá o gosto da liberdade.

Você pode ter liberdade. Mas o preço disso é aceitar a responsabilidade por completo.

Eu sinto uma liberdade tão grande que, olhando para você, eu fico triste. Você tem a mesma oportunidade, o mesmo potencial para florescer e se tornar uma pessoa livre, mas você continua sendo um escravo. E você continua sendo um escravo por nunca ser responsável.

Você acha que não ser responsável faz de você uma pessoa livre? Não se sentir responsável pelas suas ações, pelos seus pensamentos, pelo seu ser, você acha que isso o liberta de todas as conseqüências? Não, de jeito nenhum. Isso faz de você um escravo, faz de você alguém subumano. Tira toda a sua glória. Você não consegue ficar ereto, você fica encurvado. A sua inteligência não pode crescer, porque você não aceitou o desafio. Você está esperando pela sua sina, pelo destino, por Deus. Está pensando, "Quando chegar a hora — a hora certa, se Deus quiser — eu também vou ser feliz".

Não existe um Deus que possa decidir a sua felicidade. Você está sozinho na vida. Você chega sozinho e morre sozinho. Entre o nascimento e a morte, é claro que você pode viver na ilusão de que alguém está com você — a sua mulher, o seu pai, a sua mãe, o seu marido, o seu amigo —, mas isso é só tapeação. Você vem sozinho e vai embora sozinho; você está sozinho entre o nascimento e a morte.

Eu não estou dizendo que você não possa amar um homem ou uma mulher. Na verdade, quando duas pessoas independentes, livres, que carregam a responsabilidade nos próprios ombros, encontram-se, isso tem uma imensa beleza. Um não é um fardo para o outro. Ninguém joga nada nas costas do outro. Você já descartou a própria idéia de jogar alguma coisa sobre o outro. Vocês podem ficar juntos, mas a sua solitude continua intacta, pura, cristalina, virgem. Vocês nunca

Entenda as raízes da escravidão

invadem o território um do outro. Vocês só conseguem se gostar porque estão separados.

Quanto mais separados vocês estão — quanto mais claramente compreendem que você está sozinho, que ela está sozinha — maior é a possibilidade de haver um grande encontro entre duas solitudes, entre duas purezas, entre dois indivíduos.

Esqueça palavras como destino, sina, sorte, Deus. E não se deixe enganar por astrólogos, pessoas que lêem mentes, que lêem mãos, que prevêem o futuro. Não existe futuro se você não criá-lo! E seja lá o que for que acontecerá amanhã, será criação sua. E isso tem de ser criado hoje, agora — porque é do hoje, do útero do dia de hoje que o amanhã nascerá.

Assuma completamente a responsabilidade por si mesmo — essa é a mensagem que deixo a você. É por isso que estou continuamente tentando destruir Deus na sua mente. Eu não tenho nada contra ele. Como posso ter algo contra ele? — ele não existe! Você acha que vou perder tempo lutando com algo que não existe? Não, eu estou lutando com os seus condicionamentos — eles existem. Deus não existe, mas uma idéia de Deus existe em você e eu estou lutando com essa idéia, dizendo para que você a descarte, para que se livre dela e assuma a responsabilidade pela sua vida.

Esta é a minha experiência: no dia em que assumi a responsabilidade por mim mesmo, vi as portas da liberdade se abrindo para mim. Essas duas coisas acontecem ao mesmo tempo.

Todo mundo quer liberdade. Ninguém quer responsabilidade. Você nunca terá liberdade, continuará um escravo. Lembre-se, continuar um escravo também é responsabilidade sua. Você que optou por isso, ninguém o obrigou.

Eu me lembro de Diógenes, um belo filósofo grego, um místico — e um místico de um tipo muito raro. Ele era contemporâneo de

Aristóteles e era tão contra Aristóteles quanto eu, por isso tenho uma certa amizade com Diógenes.

Aristóteles definiu o homem como um animal sem penas que anda sobre duas pernas. O que Diógenes fez? Ele capturou um animal — e existem muitos animais que andam sobre duas pernas, mas que têm penas também, que podem voar. Diógenes capturou um pavão, tirou-lhe todas as penas — e mandou o pavão para Aristóteles com a mensagem: "Aceite, por gentileza, este ser humano de presente".

Esse homem, Diógenes, costumava andar nu porque, ele dizia, "O homem nasceu nu e fica mais fraco porque é protegido pelas roupas". Em nenhuma parte do planeta, os animais usam roupas — com exceção de alguns cães na Inglaterra. A Inglaterra é um país misterioso. Os cães usam roupas porque um cão nu é anticristão. Você ficará surpreso ao saber que, na Inglaterra vitoriana, toda cadeira de quatro pernas tinha as pernas cobertas, porque eram pernas e não ficava bem olhar para pernas nuas.

Diógenes vivia nu. Ele era um homem forte. Quatro sujeitos que estavam no negócio de raptar pessoas para vendê-las como escravas pensaram, "Essa é uma boa captura, esse homem pode nos render um bom dinheiro. Já vendemos muitos escravos, mas nenhum deles era tão forte, tão belo, tão jovem. Podemos conseguir o preço que quisermos e haverá uma grande disputa no mercado quando colocarmos esse homem no pedestal para venda". "Mas", eles pensaram, "é preciso mais de quatro homens para capturá-lo. Ele sozinho pode matar a todos nós."

Diógenes ouviu o que diziam a respeito dele. Ele estava sentado nas margens do rio, só apreciando a brisa fresca da noite, sob uma árvore e, atrás da árvore, esses quatro planejavam o que fariam. Ele disse, "Não se preocupem. Venham aqui! Não tenham medo de que eu vá matar vocês, eu nunca mataria coisa alguma. E não precisam ter

Entenda as raízes da escravidão 47

medo de que eu lute ou resista a vocês — não. Eu não luto com ninguém, não resisto a nada. Vocês querem me vender como escravo?"
Constrangidos, amedrontados, os quatro sujeitos disseram, "Era
isso o que estávamos pensando. Somos pobres... estaria disposto?"
Ele respondeu, "É claro que sim. Se eu puder ajudá-los de algum
modo a sair da pobreza, seria maravilhoso".

Então eles trouxeram as correntes. Diógenes disse, "Joguem essas correntes no rio; vocês não precisam me acorrentar. Eu caminha-
rei à frente de vocês. Nem penso na idéia de fugir; na verdade, estou
empolgado diante da idéia de ser vendido, de ficar sobre um pedestal,
com centenas de pessoas tentando me levar. Estou empolgado com o
meu leilão — Estou a caminho!"

Os quatro sujeitos ficaram um pouco mais apreensivos: esse homem, além de ser forte, belo, parecia louco também; ele podia ser perigoso. Mas agora não havia jeito de escaparem. Ele disse, "Se tenta-
rem fugir, estarão arriscando a própria vida. Basta que me sigam, vocês
quatro. Coloquem-me sobre o pedestal no mercado".

A contragosto, eles o seguiram. Queriam prendê-lo, mas ele ia à
frente deles! Vocês estão percebendo? Até mesmo numa situação como essa, ele estava assumindo a responsabilidade por si mesmo. Ele
era um homem livre até mesmo numa situação como essa, em que essas pessoas estavam conspirando e tentando vendê-lo no mercado,
que é a pior coisa que pode acontecer a um homem — ser vendido
como uma mercadoria, leiloado como uma mercadoria.

Mas ele disse a essas pessoas, "Não tenham medo e não tentem fugir. Vocês me deram uma grande idéia, sou muito grato a vocês. Isso é
responsabilidade minha, eu vou ao mercado. Vocês vão me leiloar".

Eles mal podiam acreditar... que tipo de homem era esse? Mas
não havia como voltar atrás, então eles o seguiram. E, quando ele foi
colocado no pedestal, onde todos podiam vê-lo, fez-se um silêncio
quase absoluto, suficiente para se ouvir um pingo d'água. As pessoas

48 LIBERDADE

nunca tinham visto um corpo tão proporcional, tão belo — como se fosse feito de aço, tão forte era.

Antes que o leiloeiro dissesse alguma coisa, Diógenes declarou, "Ouçam, vocês! Eis aqui um mestre para ser vendido como escravo, porque essas quatro pessoas precisam de dinheiro. Então, comecem o leilão; mas, lembrem-se, vocês estarão comprando um mestre".

Um rei o comprou. Evidentemente, ele tinha meios para isso — ofereceu quantias cada vez maiores no leilão. Muitas pessoas estavam interessadas, mas finalmente uma soma, maior do que qualquer outra de que já se ouvira falar, foi oferecida àqueles quatro sujeitos. Diógenes disse a eles, "Estão felizes agora? Vocês já podem ir, pois eu irei com esse escravo".

No caminho para o palácio, enquanto viajavam numa carruagem, o rei disse a Diógenes, "Você é louco ou coisa assim? Você se considera um mestre? Eu sou o rei e você acha que sou um escravo?"

Diógenes disse, "Acho, e eu não sou louco; você é louco. Eu posso provar o que digo agora mesmo". Na parte de trás da carruagem estava a rainha. Diógenes disse, "A sua rainha já está interessada em mim, ela não quer mais nada com você. É perigoso comprar um mestre".

O rei ficou chocado. Comparado a Diógenes, ele não era nada, é claro. Empunhando a espada, o rei perguntou à rainha, "O que ele está dizendo é verdade? Se você disser a verdade, a sua vida será poupada — essa é a minha promessa. Mas se não disser, e eu descobrir depois, eu mandarei matá-la".

Receosa, cheia de medo, a rainha disse, "É verdade. Diante dele, você não é nada. Estou encantada, fascinada; o homem tem uma magia. Você é apenas um pobre coitado comparado a ele. Essa é a verdade".

Evidentemente, o rei parou a carruagem e disse a Diógenes: "Saia da carruagem. Você está livre; não quero correr riscos como esse no meu palácio".

Diógenes disse, "Obrigado. Eu sou um homem que não pode ser um escravo, pelo simples fato de que eu assumo toda a responsabilidade por mim mesmo. Eu não deixei que aquelas quatro pessoas se sentissem culpadas, não foram elas que me levaram até lá, eu fui por livre e espontânea vontade. Elas devem ter se sentido obrigadas. E esta é a sua carruagem, se você quer que eu saia, está muito bem. Não estou mesmo acostumado com carruagens; as minhas pernas são bastante fortes. Sou um homem nu, uma carruagem dourada não combina comigo".

Assuma a responsabilidade! E até mesmo na mais absoluta pobreza, sofrendo, encarcerado, você não deixará de ser o seu próprio amo. Você terá a liberdade que vem com a responsabilidade.

Todas as suas religiões o fizeram dependente de Deus, da sorte, do destino. Esses são apenas nomes de coisas não-existenciais. O que é verdadeiro? A sua escravidão ou a sua liberdade? Escolha. Se você optar pela liberdade, então tem de destruir todas as estratégias das outras pessoas para torná-lo um escravo. É por isso que estou tentando fazer isso aqui: tentando cortar as suas correntes, tornando-o livre de tudo, de modo que você possa ser você mesmo.

E, no momento em que é você mesmo, você começa a crescer, você fica mais viçoso. Flores começam a desabrochar e surge uma fragrância à sua volta.

MEDO DE VOAR

Rabindranath Tagore diz em seu *O Gitanjali*:

Tenazes são os obstáculos, mas dói o meu coração quando tento vencê-los. A libertação é tudo o que eu desejo, mas tenho vergonha de esperar por ela. Tenho certeza de que há em ti um tesouro inestimável e que és o meu melhor amigo, mas não tenho coragem de varrer a quinquilharia do meu quarto. O manto que me cobre é manto de poeira e morte; odeio-o, mas abraço-o com amor. Pesadas são as minhas dívidas, enormes as minhas faltas, e a minha vergonha é secreta e grave, mas quando venho reclamar o meu bem, tremo de medo que seja atendida a minha súplica.*

Rabindranath Tagore é o mais contemporâneo dos homens e, no entanto, o mais antigo também. As palavras dele são uma ponte entre a mente moderna e os mais antigos sábios deste mundo. O seu livro *O Gitanjali*, em particular, é a sua maior contribuição à evolução humana, à consciência humana. Trata-se de um dos livros mais raros que já surgiram no século XX.

Rabindranath não é uma pessoa religiosa, no sentido comum da palavra. Ele é um dos pensadores mais progressistas — não-tradicionais, não-ortodoxos — que existem, mas a sua grandeza está na sua inocência infantil. E, por causa dessa inocência, talvez ele tenha sido capaz de se tornar um veículo para o espírito universal. Ele é um poeta da mais elevada estirpe e também um místico. Uma combinação dessa espécie só aconteceu uma ou duas vezes antes — em Kahlil Gibran, em Friedrich Nietzsche e em Rabindranath Tagore. Com essas três pessoas, toda a categoria se esgota. Na longa história do homem, isso é extraordinário... Existiram grandes poetas e grandes místicos também. Existiram grandes poetas com um toque de misticismo e existiram grandes místicos que se expressaram por meio da poesia — mas a poesia desses místicos não é tão admirável.

Rabindranath é uma situação estranha.

Eu ouvi falar de um homem que amava duas lindas mulheres e estava sempre metido em confusão, pois uma mulher apenas já é con-

---

* Tradução de Guilherme de Almeida.

fusão suficiente! As duas mulheres queriam saber quem ele amava mais. Elas o levaram para andar de lancha num lago e, bem no meio dele, pararam a lancha e disseram ao homem: "Você tem de decidir, porque isso nos deixa angustiadas... Depois que soubermos a verdade, aos pouquinhos começaremos a olhar a situação com mais tolerância; poderemos aceitá-la. Mas não agüentamos mais ficar no escuro e pensar a respeito disso o tempo todo".

O homem disse, "Qual é o problema? Sejam diretas".

As duas disseram juntas: "A pergunta é: quem você ama mais?"

O homem caiu num profundo silêncio — eles ali, no meio do lago; era uma situação bem estranha, mas ele sempre fora um homem com grande senso de humor. Ele disse, "Eu amo cada uma de vocês mais do que a outra". E as duas mulheres ficaram satisfeitas. Era isso o que elas queriam.

É difícil dizer se Rabindranath era sobretudo um poeta ou sobretudo um místico. Ele era as duas coisas — cada uma delas mais do que a outra — e ser tudo isso no século XX...

Rabindranath não era um homem confinado à Índia. Ele viajava pelo mundo todo, estudara no Ocidente e estava sempre viajando por diferentes países — ele adorava ser um andarilho. Era um cidadão do universo, embora as suas raízes estivessem bem firmes na Índia. Ele podia ter voado para longe como uma águia cruzando o céu, mas sempre voltava para o seu pequeno ninho. E ele nunca perdia a trilha da sua herança espiritual, não importava o quanto ela pudesse estar coberta pela poeira. Ele era capaz de limpá-la e deixá-la como um espelho em que a pessoa pudesse ver a si mesma.

Os seus poemas, em *O Gitanjali*, são oferendas em forma de canções a Deus. Esse é o significado da palavra *Gitanjali*: oferendas em forma de canções. Ele costumava dizer, "Não tenho nada mais a oferecer. Sou tão pobre quanto um pássaro ou tão rico quanto um pássaro. Posso cantar uma canção a cada nova manhã, em agradecimento. Essa é a minha oração".

Ele nunca ia a nenhum templo, nunca rezava do jeito tradicional. Tinha nascido numa família hindu, mas não seria direito confiná-lo a uma certa parcela da humanidade, ele era tão universal! Diziam muitas vezes a ele, "As suas palavras têm um aroma de religiosidade, recendem a espiritualidade, são tão sensíveis ao desconhecido que se sentem tocados até mesmo aqueles que não acreditam em mais nada que não seja matéria. Mas você nunca vai ao templo, nunca leu as escrituras".

A resposta dele é extremamente importante para você. Ele disse, "Eu nunca li as escrituras; na verdade, eu as evito, pois tenho a minha própria experiência do transcendente e não quero que palavras de outras pessoas se misturem à minha experiência pessoal, original, autêntica. Quero oferecer a Deus exatamente o que me vai no coração. Outros podem ter conhecido — certamente, outros conheceram —, mas o conhecimento deles não pode ser o meu conhecimento. Só a minha experiência pode me satisfazer, pode saciar a minha busca, pode me dar confiança na vida. Eu não quero ser um crente".

É preciso lembrar destas palavras: "Eu não quero ser um crente; quero ser alguém que sabe. Não quero ser uma pessoa instruída; quero ser tão inocente a ponto de a existência me revelar os seus mistérios. Não quero ser adorado como um santo". E o fato é que, em todo o século XX, não existiu ninguém mais santo do que Rabindranath Tagore —, mas ele se recusava a ser reconhecido como um santo.

Ele dizia, "Eu só tenho um desejo — que lembrem de mim como um cantor de canções, como um dançarino, como um poeta que ofereceu todo o seu potencial, todas as flores do seu ser, para a divindade desconhecida da existência. Não quero ser adorado; considero isso uma humilhação... feio, desumano e totalmente fora deste mun-

Entenda as raízes da escravidão 53

do. Todo homem contém Deus em si; toda nuvem, toda árvore, todo oceano é pleno de divindade, então adorar a quem?"

Rabindranath nunca foi a um templo, nunca adorou nenhum Deus, nunca foi, no sentido tradicional, um santo. Mas para mim ele é um dos maiores santos que o mundo já conheceu. A sua santidade é expressa em cada um das suas palavras.

Tenazes são os obstáculos, mas dói o meu coração quando tento vencê-los. A libertação é tudo o que eu desejo, mas tenho vergonha de esperar por ela.

Ele está dizendo algo que não se refere só a ele mesmo, mas a toda a consciência humana. Essas pessoas não falam só de si mesmas; falam do próprio âmago de toda a espécie humana.

Tenazes são os obstáculos... Os obstáculos são imensos. As correntes que impedem a minha liberdade... Eu me apeguei demais a elas. Elas não são mais correntes para mim; elas se tornaram os meus enfeites. Elas são feitas de ouro, são muito preciosas. Mas o meu coração dói, pois, por um lado, eu quero a liberdade e, por outro, não posso romper as correntes que me impedem de ser livre. Essas correntes, esses apegos, esses relacionamentos passaram a ser a minha vida. Não consigo imaginar a mim mesmo sem os meus entes queridos, sem os meus amigos. Não consigo imaginar a mim mesmo absolutamente sozinho, em profundo silêncio. As minhas canções tornaram-se os meus grilhões, por isso *dói o meu coração quando tento vencê-los.*

Essa é a situação de todo ser humano. É difícil encontrar um homem cujo coração não queira voar como um pássaro no céu, que não gostaria de alcançar as estrelas mais longínquas, mas que também não conheça esse apego profundo à terra. As suas raízes estão encravadas na terra. Ele está dividido entre o apego que tem à prisão e o seu profundo anseio pela liberdade. Ele está separado de si mesmo.

Essa é a maior de todas as angústias, de todas as preocupações. Você não consegue deixar o mundo que acorrenta você; não consegue

54 LIBERDADE

deixar aqueles que se tornaram entraves na sua vida, pois eles também são os seus amores, as suas alegrias. Num certo sentido, eles também alimentam o seu orgulho. Você nem consegue deixá-los nem consegue esquecer que não pertence a este mundo, que a sua casa deve ser em outro lugar, pois, nos seus sonhos, você está sempre voando, voando para lugares distantes.

A libertação é tudo o que desejo, mas tenho vergonha de esperar por ela. Por que eu deveria ter vergonha de esperar pela libertação? — porque ninguém o impede de ser livre. Você pode ser livre neste mesmo instante. Mas esses apegos... eles estão entranhados demais dentro de você; eles se tornaram quase que a sua própria vida. Eles podem estar lhe causando sofrimento, mas também trazem momentos de felicidade. Eles podem estar acorrentando os seus pés, mas também lhe proporcionam momentos de dança.

Essa é uma situação muito estranha que todo ser humano inteligente tem de enfrentar: nós estamos enraizados na terra e queremos asas para voar no céu. Não podemos nos desarraigar porque a terra é a nossa nutrição, é o nosso alimento. E não podemos parar de sonhar com asas, pois esse é o nosso espírito, é a nossa própria alma, que faz de nós seres humanos.

Nenhum animal sente angústia; todos os animais estão perfeitamente satisfeitos com o que são. O homem é o único animal que é intrinsecamente descontente; por isso o sentimento de vergonha — porque ele sabe, "Eu posso ser livre".

Sempre adorei uma antiga história: Um homem, um grande homem, alguém que lutava pela liberdade, estava viajando pelas montanhas. Ele passou a noite num caravançará e ficou encantado ao ver ali um papagaio numa gaiola de ouro e que continuamente repetia: "Liberdade! Liberdade!" E o lugar era de um jeito que, sempre que o papagaio repetia a palavra "Liberdade!", ela ecoava pelos vales, nas montanhas.

Entenda as raízes da escravidão 55

O homem pensou: Já vi muitos papagaios e sempre achei que eles gostariam de se ver livres dessas gaiolas, mas eu nunca vi um papagaio que passasse o dia todo, de manhã até a noite, na hora de dormir, gritando por liberdade. O homem teve uma idéia. No meio da noite, ele se levantou e abriu a porta da gaiola. O dono do pássaro dormia profundamente, então, o homem cochichou para o bicho, "Saia agora".

Mas ele ficou muito surpreso ao ver que o papagaio não desgrudava os pés do poleiro da gaiola. Então ele continuou falando com o papagaio, "Já se esqueceu da liberdade? Pode sair! A porta está aberta e o seu dono está dormindo profundamente, ninguém saberá. Basta que voe para o céu; o céu é todo seu!"

Mas o papagaio estava tão grudado no poleiro que o homem disse, "Qual é o problema? Você é louco?" Ele tentava tirar o papagaio da gaiola com as mãos, mas o bicho começou a bicá-lo, ao mesmo tempo em que gritava, "Liberdade! Liberdade!" Os ecos se espalhavam pelos vales noturnos. Mas o homem também era teimoso, ele dava muito valor à liberdade. Arrancou o papagaio da gaiola e atirou-o no céu; só então ficou satisfeito, embora estivesse com a mão machucada. O papagaio o atacara com toda violência, mas o homem estava satisfeito por ter conseguido fazer uma alma livre. Foi então dormir.

Pela manhã, quando o homem acordou, ouviu o papagaio gritando "Liberdade! Liberdade!" Ele achou que o papagaio talvez estivesse empoleirado numa árvore ou numa pedra. Mas quando saiu, viu o papagaio dentro da gaiola. Com a porta aberta.

Eu adoro essa história, pois ela é muito verdadeira. Você pode gostar de liberdade, mas a gaiola proporciona certa proteção, certa segurança. Na gaiola, o papagaio não precisava se preocupar com comida, não precisava se preocupar com predadores, não precisava se preocupar com coisa nenhuma. A gaiola é aconchegante, é feita de ouro. Nenhum outro papagaio tinha uma gaiola tão valiosa.

56 LIBERDADE

O seu poder, as suas riquezas, o seu prestígio — essas são as suas gaiolas. A sua alma quer ser livre, mas a liberdade é perigosa. A liberdade não dá garantias. A liberdade não dá proteção, não traz segurança.

Liberdade significa andar no fio de uma navalha — o tempo todo em perigo, abrindo o próprio caminho. A todo instante surge um desafio do desconhecido. Às vezes fica quente demais, às vezes fica frio demais — e não há ninguém ali para cuidar de você. Na gaiola, o dono do papagaio era o responsável. Quando estava frio, ele costumava cobrir a gaiola com um cobertor; e tinha o hábito de colocar um ventilador por perto quando estava quente demais.

Liberdade significa uma enorme responsabilidade; você está por sua própria conta e sozinho.

Rabindranath está certo: *A libertação é tudo o que desejo, mas tenho vergonha de esperar por ela* — porque não é uma questão de esperar, é uma questão de assumir um risco.

Tenho certeza de que há em ti um tesouro inestimável e que és o meu melhor amigo, mas não tenho coragem de varrer a quinquilharia do meu quarto.

No mundo da liberdade, na experiência da liberdade, você está certo de que existe um tesouro inestimável, mas essa certeza é também uma projeção do seu desejo, da sua expectativa — como você pode estar certo? Você *gostaria* de estar certo. Você sabe que existe ali um anseio pela liberdade. Não pode ser por uma liberdade fútil; tem de ser por algo inestimável, algo de valor. Você está criando uma certeza para reunir coragem, de modo que consiga dar o salto rumo ao desconhecido.

E que és o meu melhor amigo. Mas todos esses são belos sonhos, são anseios; a certeza é a sua gaiola, é a sua proteção. *Mas não tenho coragem de varrer a quinquilharia de que o meu quarto está cheio.* Trata-se de belas idéias na cabeça.

☙

O manto que me cobre é manto de poeira e morte; odeio-o, mas abraço-o com amor.

Você sabe que o seu corpo vai morrer. Na verdade, o seu corpo é feito de matéria morta; ele já está morto. Ele parece vivo porque existe algo vivo dentro dele. Ele irradia calor e vivacidade por causa do hóspede dentro dele. No momento em que esse hóspede se for, a realidade do seu corpo lhe será revelada.

Rabindranath diz que o nosso corpo é feito de poeira e morte. *Odeio-o, mas abraço-o com amor.* Mas, quando você cai de amores por uma mulher, então dois esqueletos se abraçam; ambos sabem que a pele é só um revestimento para o esqueleto. Se vocês pudessem ver um ao outro na sua nudez verdadeira — não só despidos das roupas, mas sem a pele também, pois essa é a nossa verdadeira roupa —, então ficariam chocados e vocês logo se afastariam correndo do ente querido com quem juraram viver para sempre. Vocês nem sequer olhariam para trás; nem sequer gostariam que os lembrassem do fenômeno.

Aconteceu na corte de um dos imperadores muçulmanos da Índia, Shahjehan. Ele estava apaixonado por uma mulher, mas a mulher não estava disposta a se casar com ele.

Ele era um cavalheiro; do contrário, poderia tê-la obrigado a se casar — tentou persuadi-la. Mas ela estava apaixonada por um dos guarda-costas do imperador. E, quando ele descobriu isso, ficou realmente enraivecido. Ambos foram imediatamente presos e levados ao imperador.

Shahjehan estava prestes a mandar cortar a cabeça de ambos ali mesmo. Mas o seu primeiro-ministro, que era um homem já muito idoso — ele fora o primeiro-ministro do pai do imperador e este o respeitava como um pai —, disse a ele, "Não faça isso. Seja um pouco mais sábio; isso não é castigo suficiente. Eu lhes darei o castigo apropriado". Ele ordenou, então, que os amantes fossem amarrados um ao outro, nus, abraçados, e então acorrentados a uma coluna da corte. Os outros membros da corte mal podiam acreditar — que tipo de castigo era aquele? Parecia mais um prêmio; aquilo era o que eles sempre quiseram, ficar abraçados um ao outro. Mas as pessoas estavam erradas.

O velho homem de fato tinha psicologia. O casal também se perguntava, "Que tipo de castigo é esse? Isso é um prêmio!" Eles abraçavam um ao outro, cheios de amor.

Eles estavam amarrados com cordas, por isso não podiam se desvencilhar; e estavam presos à coluna também. Por quanto tempo duas pessoas conseguem ficar abraçadas? Cinco minutos, sete minutos, meia hora..? Depois de 24 horas, eles começaram a se odiar... eram obrigados, não havia outro jeito. Eles transpiravam, o odor dos seus corpos se espalhava pelo ambiente, os seus excrementos... e não havia como escapar. Depois de 24 horas, o velho disse, "Agora devolvam-lhes as roupas e libertem-nos".

Quando pegaram as roupas, eles correram em direções opostas, para nunca mais se encontrar novamente; aquilo tinha sido o bastante!

O manto que me cobre é manto de poeira e morte; odeio-o, mas abraço-o com amor.

Essa é a esquizofrenia do ser humano, a personalidade dividida do ser humano. A sua casa está dividida em duas; por isso ele não consegue encontrar paz.

Pesadas são as minhas dívidas, enormes as minhas faltas, e a minha vergonha é secreta e grave, mas quando venho reclamar o meu bem, tremo de medo que seja atendida a minha súplica.

Esses versos só podem ser entendidos se eu lembrá-lo de outro poema de Rabindranath, que está no mesmo livro, *O Gitanjali*.

Nesse outro poema, ele diz, "Tenho buscado e procurado Deus desde quando consigo me lembrar, por muitas, muitas vidas, desde o próprio início da vida. De vez em quando eu o avisto nas proximidades de uma estrela distante e me rejubilo e danço ao ver que essa distância, embora imensa, pode ser transposta. E empreendi a jornada e alcancei a estrela; mas, no momento em que a alcancei, Deus já havia passado para outra. E assim foi durante séculos.

"O desafio é tão grande que eu continuo a esperar sem esperanças... Tenho de encontrá-lo, estou tão entretido nessa busca! A própria busca é tão intrigante, tão misteriosa, tão fascinante que Deus passou a ser quase uma desculpa — a busca passou a ser, ela mesma, o objetivo.

"E, para a minha surpresa, um dia cheguei a uma casa, numa estrela distante, com uma pequena inscrição diante dela dizendo, 'Esta é a casa de Deus'. A minha alegria ultrapassou todos os limites — então finalmente eu tinha chegado! Subi correndo os degraus, eram muitos degraus que levavam até a porta da casa; mas, à medida que ela foi ficando mais próxima, um medo repentino se apossou do meu coração. Quando eu estava prestes a bater, estanquei com um medo que eu nunca conhecera, nunca imaginara, nunca sonhara ter. O medo era: se esta é de fato a casa de Deus, então o que farei depois de encontrá-lo?

"Agora que a busca por Deus se tornou a minha vida; encontrá-lo será suicídio. E o que eu farei com ele? Nunca pensei em nada disso antes. Deveria ter pensado antes de iniciar a busca: o que eu farei com Deus?

"Eu peguei os meus sapatos nas mãos e, silenciosamente, desci os degraus bem devagar, com receio de que Deus ouvisse o barulho e pudesse abrir a porta, dizendo. 'Aonde vai? Estou aqui, entre!' E ao chegar aos degraus, corri como nunca; desde então tenho buscado por Deus, procurando-o em todas as partes — e evitando a casa onde ele realmente mora. Agora sei que tenho de ficar longe *daquela* casa. E continuo a minha busca, apreciando a própria jornada, a peregrinação."

A perspicácia dessa história é tremenda. Existem buscadores da verdade que nunca pensaram, "O que eu vou fazer com a verdade?". Você não pode comê-la, não pode vendê-la; não pode se tornar o pre-

60 LIBERDADE

sidente da república porque está de posse da verdade. O máximo que pode acontecer, se você tiver a verdade, é as pessoas o crucificarem.

Ele está certo quando diz, *Pesadas são as minhas dívidas, enormes as minhas faltas, e a minha vergonha é secreta e grave, mas quando venho reclamar o meu bem, tremo de medo que seja atendida a minha súplica* — porque é bom falar dessas coisas: falar de Deus, da verdade, do bem, da beleza. É bom escrever tratados sobre elas, ver universidades conferindo diplomas de doutorado, deixar que lhe confiram um prêmio Nobel. Essas são coisas das quais gostamos de falar, de escrever, mas, se você realmente conseguir conhecê-las por experiência própria, vai ficar numa enrascada. É isso o que ele está dizendo: Tenho medo de que a minha súplica possa ser atendida.

É bom que Deus seja surdo. Ele não ouve nenhuma prece; do contrário, você estaria numa enrascada. A sua prece o deixaria numa enrascada, pois nas suas preces você é romântico, pede coisas grandiosas pelas quais não consegue viver, que se tornariam pesadas demais e interfeririam na sua chamada vida — que transcorre suavemente, embora cheia de sofrimento.

A verdade se torna uma cruz; a vida fica pesada. A verdade se torna um veneno para Sócrates. A verdade se torna a morte para al-Hillaj Mansoor. A verdade se torna a crucificação para Jesus Cristo. E você reza, "Deus, deixe-me conhecer a verdade. Confira-me qualidades divinas, de um deus". Mas Deus se faz de surdo — tanto que as suas preces não podem ser ouvidas e você pode usufruir ambas as coisas, a sua vida miserável e as suas belas preces. As preces não serão ouvidas — você pode continuar ciumento, irado, cheio de ódio, cheio de egoísmo e continuar a rezar para Deus. "Faça com que eu seja mais humilde; e porque 'bem-aventurados são os mansos, faça-me manso'" — mas essas preces não serão ouvidas de propósito.

Não está escrito em nenhuma escritura, mas eu lhe digo com base na minha própria autoridade que, depois de criar o mundo em seis

Entenda as raízes da escravidão   61

dias, a última coisa que Deus fez foi destruir os próprios ouvidos. Desde então, ele não ouve coisa alguma; e, desde então, nem nós ouvimos coisa alguma a respeito dele.

Assim, tudo está muito bem: nas manhãs em que for ao templo, à igreja ou à mesquita, faça uma bela prece, peça coisas grandiosas — sabendo perfeitamente bem que ele é surdo — e continue com o seu ser vil e miserável. Depois, amanhã de manhã, faça outra prece... Esse é um bom arranjo, um bom acordo.

Rabindranath, em seu poema, está mostrando uma grande verdade: Você realmente quer Deus? Realmente quer a verdade? Realmente quer o silêncio? Se pedir, e for sincero, você ficará envergonhado. Terá de aceitar que você, na verdade, não quer essas coisas. Você está só fingindo meditar — porque sabe que andou meditando durante todos esses anos e nada aconteceu. Não existe medo; você pode meditar, nada acontece.

Depois que algo começa a acontecer, então surge a dificuldade. Depois que algo começa a se desenvolver na sua vida, algo que não está se desenvolvendo no coração da multidão que o cerca, você passa a ser um estranho, um estrangeiro. E a multidão nunca perdoa os estranhos, a multidão nunca perdoa os forasteiros; ela os destrói. Tem de destruí-los apenas para ter paz de espírito.

Um homem como Jesus é um aborrecimento constante, pois ele o lembra de que você pode ter a mesma beleza, a mesma graça, a mesma verdade, e isso dói. Ele faz com que você se sinta inferior, e ninguém quer se sentir inferior.

E só existem dois jeitos de não se sentir inferior: um é tornar-se superior; esse é o jeito difícil, que demora mais — é perigoso, pois você terá de andar sozinho. O jeito mais simples é destruir esse homem superior. Toda a multidão é composta de pessoas iguais. Ninguém é superior e ninguém é inferior. Todos são ladinos, são enganadores, todos são criminosos à sua própria moda. Todos são ciumentos, ambiciosos. Eles estão todos no mesmo barco e falam a mesma língua. E ninguém faz nenhum alvoroço por causa da verdade, por causa de Deus, por causa da meditação.

As pessoas são felizes sem alguém como Gautama Buda, sem alguém como Sócrates, sem alguém como Zaratustra, porque essas pessoas são como os picos elevados das montanhas e você parece tão minúsculo, como um pigmeu — isso dói. Dizem que os camelos nunca chegam perto das montanhas. Eles preferem viver no deserto porque no deserto eles são as montanhas ambulantes, mas perto das montanhas eles parecem formigas e isso dói.

O jeito mais fácil é esquecer tudo sobre as montanhas, dizer, "Essas montanhas não passam de mitologia, de ficção; a realidade é o deserto". Por isso você gosta do deserto, gosta do seu ego — e também gosta de rezar, "Deus, por favor, livre-me do ego, faça de mim uma pessoa mais humilde", sabendo perfeitamente bem que ele não vai ouvir, que nenhuma prece é atendida. Você pode rezar por qualquer coisa sem medo, pois continuará igual e também terá a satisfação de rezar por coisas grandiosas.

É por isso que as pessoas, sem se tornar religiosas, tornam-se cristãs, tornam-se hindus, tornam-se muçulmanas. Elas não são pessoas religiosas coisa nenhuma; essas são estratégias para que não precisem se tornar religiosas. A pessoa religiosa é simplesmente religiosa; ela não é nem hindu, nem muçulmana, nem cristã, nem budista — não há necessidade. Ela é confiante, é sincera, é compassiva, é amorosa, é humana — tão humana que é quase uma representação do divino na terra.

CAMINHOS PARA A LIBERDADE

Rebelde é aquele que não reage contra a sociedade, é aquele que compreende todo o jogo e simplesmente cai fora dele. O jogo passa a não fazer sentido para ele. Ele não é contra o jogo. E essa é toda a beleza da rebelião: trata-se de liberdade. O revolucionário não é livre. Ele está o tempo todo lutando contra algo — como pode haver liberdade na reação?

Liberdade significa compreensão. A pessoa compreende o jogo e, ao ver que ele é um modo de impedir a alma de crescer, um modo de não permitir alguém de ser quem é, ele simplesmente o abandona sem que ele deixe marcas na sua alma. A pessoa perdoa e esquece, seguindo em frente sem nada que a prenda à sociedade em nome do amor ou em nome do ódio. A sociedade simplesmente desaparece para o rebelde. Ele pode viver no mundo ou pode sair dele, mas não pertence mais a ele; é um forasteiro.

O CAMELO, O LEÃO, A CRIANÇA

O ser humano não nasce perfeito. Ele nasce incompleto. Nasce como um processo. Nasce na estrada, como um peregrino. Essa é a sua agonia e o seu êxtase também — agonia porque ele não pode des-

64 LIBERDADE

cansar, ele tem de seguir adiante, tem sempre de seguir adiante. Ele tem de buscar e procurar e explorar; tem de se transformar, porque o seu ser só se manifesta por meio do devir; o devir é o seu ser. Ele só pode ser se estiver em movimento.

A evolução faz parte da natureza humana. A evolução é a sua própria alma. E aqueles que tomam a si mesmos como um fato consumado ficam insatisfeitos; aqueles que acham que nasceram completos continuam involuídos. A semente continua semente, nunca se torna uma árvore, e nunca conhece as alegrias da primavera, o brilho do sol e a chuva e o êxtase da explosão em milhares de flores.

Essa explosão é a realização, essa explosão é que é Deus — a explosão em milhares de flores. Quando o potencial se torna o factual, só então o ser humano se sente realizado. O ser humano nasce como um potencial; isso é exclusivo dele. Todos os outros animais nascem completos, nascem assim como vão morrer. Não existe evolução entre o nascimento e a morte deles; eles seguem no mesmo plano, nunca passam por nenhuma transformação. Nenhuma mudança radical jamais acontece na vida deles. Eles seguem na horizontal, a vertical nunca os invade.

Se o ser humano também seguir na horizontal, ele perderá a sua humanidade, não se tornará uma alma. É a isso que Gurdjieff se referia quando falava que nem todas as pessoas têm alma. É muito raro ver uma pessoa com alma. Ora, essa é uma afirmação muito estranha, porque, ao longo das eras, você tem ouvido dizer que você nasceu com alma. Gurdjieff diz que você nasceu apenas com o potencial de se tornar uma alma, não com uma alma verdadeira. Você tem um projeto, mas o projeto tem de ser executado. Você tem a semente, mas tem de buscar o solo, a estação, o clima adequado e o momento certo de rasgar a terra, de crescer.

Seguindo na horizontal, você continuará sem alma. Quando a vertical penetra em você, você se torna uma alma. "Alma" quer dizer que a vertical penetrou na horizontal. Ou, para usar um exemplo, você pode pensar numa lagarta, no casulo e na borboleta.

Caminhos para a liberdade

O ser humano nasce como larva. Infelizmente, muitos morrem na condição de larva, muitos poucos se tornam lagartas. A larva é extática; ela não conhece o movimento, ela continua parada no mesmo ponto, num só lugar, num único estágio. Muito poucas pessoas crescem a ponto de se tornar lagartas. A lagarta começa a se mexer; entra em cena o dinamismo. A larva é extática, a lagarta se mexe. Com o movimento, a vida entra em atividade. Repito, muitos continuam sendo lagartas; eles seguem na horizontal, no mesmo plano, na mesma dimensão. Raramente, um homem como Buda — ou Jalaluddin Rumi ou Jesus ou Kabir — dá o salto quântico final e vira borboleta. Então a vertical entra em cena.

A larva é extática; a lagarta se mexe, conhece o movimento; a borboleta voa, conhece as alturas, começa a subir. A borboleta cria asas; essas asas são o objetivo. A menos que você crie asas e torne-se um fenômeno alado, não terá alma.

☙❧

A verdade é realizada em três estágios: assimilação, independência e criatividade. Lembre-se dessas três palavras, elas são seminais. Assimilação — essa é a função da larva. Ela simplesmente assimila comida, está se preparando para virar lagarta. Ela está se preparando, é um reservatório. Quando a energia estiver pronta, ela se tornará uma lagarta. Antes de se movimentar, você precisará de uma grande dose de energia para se pôr em movimento. A lagarta é a assimilação, completa; é o trabalho feito.

Então começa o segundo estágio: a independência. A larva fica para trás. Agora não há mais por que ficar no mesmo lugar. Chega a hora de explorar, chega a hora da aventura. A vida de verdade começa com o movimento, começa com a independência. A larva continua dependente, uma prisioneira, acorrentada. A lagarta quebrou as cor-

66 LIBERDADE

rentes, começou a se mexer. O gelo derreteu, não está mais congelado. A larva está congelada. A lagarta é movimento, como um rio.

E, então, vem o terceiro estágio, o da criatividade. A independência em si não significa muito. Só porque você é independente, isso não significa que está realizado. É bom sair da prisão, mas para quê? Independência para quê? Liberdade para quê?

Lembre-se, a liberdade tem dois aspectos: primeiro, a "liberdade de" e, segundo, a "liberdade para". Muitas pessoas se atêm apenas ao primeiro tipo de liberdade: a "liberdade de" — livre dos pais, livre da igreja, livre da empresa, livre disso ou daquilo, livre de todos os tipos de prisão. Mas para quê? Essa é uma liberdade muito negativa. Se você só conhece a "liberdade de", você não conhece a liberdade verdadeira, você só conhece o aspecto negativo. O positivo ainda tem de ser conhecido — a liberdade para criar, a liberdade para ser, a liberdade para expressar, para cantar a sua canção, para dançar a sua dança. Esse é o terceiro estágio: a criatividade.

Então a lagarta passa a ser um fenômeno alado, um provador de mel; ela busca, descobre, explora, cria. Por isso a beleza da borboleta. Só as pessoas criativas são belas porque só as pessoas criativas conhecem o esplendor da vida: elas têm olhos para ver, ouvidos para ouvir e coração para sentir. Elas são cheias de vida, vivem no máximo. Elas estão sempre com a corda toda. Vivem intensamente, vivem plenamente.

Ou, podemos usar a metáfora usada por Friedrich Nietzsche. Ele diz que a vida do homem pode ser dividida em três metamorfoses sucessivas do espírito. A primeira ele chama de "camelo"; a segunda, de "leão"; a terceira, de "criança". Metáforas extremamente profícuas, o camelo, o leão e a criança.

Cada ser humano tem de absorver e assimilar a herança cultural da sua sociedade — a sua cultura, a sua religião, a sua gente. Ele tem de assimilar tudo o que o passado disponibilizou. Tem de assimilar o pas-

Caminhos para a liberdade 67

sado; é isso o que Nietzsche chama de estágio do camelo. O camelo tem a capacidade de armazenar no seu corpo enormes quantidades de comida e água, para a sua extenuante jornada pelo deserto. Essa é também a situação do indivíduo humano — você tem de cruzar um deserto, tem de assimilar todo o seu passado. E, lembre-se, não adianta memorizar, tem de assimilar. E lembre-se também: a pessoa que memoriza o passado só o memoriza porque não consegue assimilar. Se assimila o passado, você fica livre dele. Você pode aproveitá-lo, mas ele não pode se aproveitar de você. Você o possui, mas ele não possui você.

Depois que assimilou a comida, você não precisa se lembrar dela. Ela não tem uma existência separada de você: ela se tornou o seu sangue, os seus ossos, a sua medula; ela se tornou você.

O passado tem de ser digerido. Não há nada de errado com o passado. Trata-se do seu passado. Você não precisa começar do bê-á-bá, porque, se cada pessoa tivesse de começar do bê-á-bá, não haveria muita evolução. É por isso que os animais não evoluem. O cachorro é igual ao que era milhões de anos atrás. Só o homem é um animal que evolui. De onde vem essa evolução? Ela acontece porque o ser humano é o único animal que pode assimilar o passado. Depois que o passado é assimilado, você fica livre dele. Você pode viver em liberdade e pode aproveitar o seu passado. Do contrário, você teria de passar por experiências demais; a sua vida seria desperdiçada.

Você pode ficar sobre os ombros dos seus pais e dos seus avós e dos seus tataravós. Os homens continuam subindo nos ombros uns dos outros, por isso eles chegaram à altura que chegaram. Os cachorros não podem chegar nessa altura; eles dependem de si mesmos. A altura que eles têm é a altura a que podem chegar. Na sua altura, Buda é assimilado, Cristo é assimilado, Patanjali é assimilado, Moisés é assimilado, Lao Tzu é assimilado. Quanto maior a assimilação, mais alto você sobe. Você pode olhar do alto de uma montanha, a sua visão é panorâmica.

68 LIBERDADE

Assimile mais. Você não precisa ficar confinado ao seu próprio povo. Assimile todo o passado de todos os povos da terra; seja um cidadão do planeta terra. Não há necessidade de ficar confinado aos cristãos, aos hindus e aos muçulmanos. Assimile tudo! O Alcorão é seu, a Bíblia é sua, assim como o Talmude, os Vedas e o Tao Te Ching — todos são seus. Assimile tudo e quanto mais assimilar mais alto será o cume de onde você poderá olhar ao longe, e terras distantes e paisagens distantes passarão a ser suas.

É isso o que Nietzsche chama de estágio do camelo; mas não se detenha nele. É preciso seguir adiante. O camelo é a larva, o camelo é aquele que acumula provisões. Mas, se você ficar parado nesse estágio e continuar a ser um camelo para sempre, então não conhecerá as belezas e as bênçãos da vida. Você nunca conhecerá Deus. Continuará preso ao passado. O camelo pode assimilar o passado, mas não pode aproveitá-lo.

No curso do seu desenvolvimento pessoal, chega uma hora em que o camelo tem de se tornar leão. O leão segue em frente para destruir o gigantesco monstro conhecido como "Tu não deves...". O leão, no homem, ruge contra toda autoridade.

O leão é uma reação, uma rebelião contra o camelo. O indivíduo agora descobre a sua própria luz interior como a fonte suprema de todos os valores autênticos. Ele toma consciência da sua obrigação básica com relação à sua própria criatividade interior. Com o seu potencial oculto interior. Alguns poucos continuam presos ao estágio do leão: continuam rugindo e rugindo até ficar exaustos de tanto rugir.

É bom virar leão, mas a pessoa ainda tem de dar mais um salto — e esse salto é virar criança.

Ora, todos vocês já foram criança. Mas aqueles que sabem, eles dizem que a primeira infância é a falsa infância. É como a primeira dentição: eles parecem dentes de verdade, mas não são, eles têm de cair. Então os dentes verdadeiros nascem. A primeira infância é uma

Caminhos para a liberdade 69

infância falsa, a segunda infância é que é verdadeira. Essa segunda infância é chamada de estágio da criança ou estágio do sábio — significa a mesma coisa. A menos que o homem torne-se absolutamente inocente, fique livre do passado, a ponto de não ser nem mesmo contra ele... Lembre-se, a pessoa que ainda é contra o passado não é livre de verdade. Ela ainda tem alguns ressentimentos, algumas queixas, algumas feridas. O camelo ainda a assombra, a sombra do camelo ainda a segue. O leão está ali, mas ele ainda teme, de certa forma, o camelo; teme que ele possa voltar.

Quando o medo do camelo passa por completo, o rugido do leão cessa. Então nasce a canção da criança.

Eu gostaria que você analisasse esses três estágios de modo muito profundo e penetrante, porque eles são extremamente importantes.

O estágio do camelo, a assimilação, é assim como uma criança no útero, que não faz nada além de assimilar; só se alimenta da mãe, cresce e se prepara para a arremetida final para o mundo. Nesse momento, não existe mais nada que a criança possa fazer; durante nove meses, no útero da mãe, ela só dorme e come, come e dorme. Tudo o que ela faz é dormir e comer; essas são as suas duas únicas funções. Mesmo depois que a criança nasce, durante meses ela continua fazendo a mesma coisa — comendo e dormindo. Bem lentamente, ela começa a dormir menos e a comer menos também. Ela está pronta, está pronta para se tornar um indivíduo — e, no momento em que a criança está pronta para se tornar um indivíduo, a desobediência entra em cena. A criança começa a dizer "Não" e aos poucos deixa de dizer "Sim". Acaba a obediência e começa a desobediência.

O estado do camelo é o estado da assimilação. O camelo não sabe dizer "Não". O camelo não tem familiaridade com o "Não". Ele nunca ouviu a palavra antes nem provou a delícia que é dizer "Não". Ele só conhece o "Sim". O seu "Sim" não pode ser muito profundo, pois sem conhecer o "Não", o seu "Sim" não pode ser muito profun-

70 LIBERDADE

do; ele fica superficial. Se o homem não sabe o que é "Não", como ele pode saber de fato o que é "Sim"? O seu "Sim" será impotente. O "Sim" do camelo é impotente. O camelo não sabe o que está acontecendo; ele só continua dizendo "Sim" porque essa é a única palavra que ele aprendeu. Obediência, crença — essas são as características do estágio chamado "camelo". Adão estava nesse estado antes de comer o fruto da Árvore do Conhecimento e todo ser humano passa por esse estado.

Esse é um estado anterior à mente e anterior ao eu. Não existe mente ainda. A mente está se desenvolvendo, mas ainda não é um fenômeno completo; ela é muito vaga, ambígua, sombria, nebulosa. O eu está surgindo, mas ainda não está acabado; não existem ainda definições bem claras sobre ele. A criança ainda não se vê como algo separado. Adão, antes de comer o fruto, era uma parte de Deus. Ele estava no útero, era obediente, só dizia "Sim", mas não era independente. A independência só entra pela porta do "Não"; pela porta do "Sim", só a dependência. Por isso, nesse estágio do camelo, existe dependência, impotência. O outro é mais importante do que o seu próprio ser; Deus é mais importante, o pai é mais importante, a mãe é mais importante, a sociedade é mais importante, o padre é mais importante, o político é mais importante. Com exceção de você, todo mundo é importante; o *outro* é importante, você ainda não existe. Trata-se de um estado extremamente inconsciente. A maioria das pessoas está parada nesse estágio; continua sendo camelo. Quase 99% das pessoas continuam sendo camelos.

Essa situação é lamentável — 99% dos seres humanos continuam na condição de larvas. É por isso que existe tanto sofrimento e nenhuma alegria. E você pode continuar buscando a alegria e não vai encontrar, porque a alegria não é algo que se ache lá fora. A menos que você vire criança — atinja o terceiro estágio —, a menos que vire borboleta, você não saberá o que é alegria. A alegria não é algo que

Caminhos para a liberdade

71

se consiga lá fora, ela é uma visão que surge dentro de você. Trata-se de algo que só é possível no terceiro estágio.

O primeiro estágio é o do sofrimento e o terceiro é o da bem-aventurança, e entre os dois está o estágio do leão — que às vezes é infeliz e às vezes é agradável, às vezes é doloroso e às vezes é prazeroso.

No estágio do camelo você é um papagaio. Você é só lembranças e nada mais. Toda a sua vida consiste em crenças que outros lhe ensinaram. É onde você encontrará os cristãos, os muçulmanos, os hindus, os jainistas e os budistas. Vá às igrejas, aos templos e às mesquitas e você encontrará grandes concentrações de camelos. Você não encontrará um único ser humano. Tudo o que fazem é repetir, como papagaios.

Eu ouvi uma história:

A história é contada por um cavaleiro medieval que fez um curso numa escola da região que ensinava a matar dragões. Vários outros jovens cavaleiros também tiveram essas aulas especiais com Merlin, o mago.

Nosso anti-herói procurou Merlin no primeiro dia para lhe dizer que ele provavelmente não se sairia muito bem no curso, pois era covarde e tinha certeza de que ficaria aterrorizado demais para um dia conseguir matar um dragão. Merlin disse que ele não precisava se preocupar porque existia uma espada mágica para matar dragões que ele daria ao jovem cavaleiro covarde. Com essa espada em punho, não havia quem não conseguisse matar um dragão. O cavaleiro ficou maravilhado com a possibilidade de ter esse instrumento mágico oficial com que qualquer cavaleiro, valoroso ou não, seria capaz de matar um dragão. Da primeira excursão em diante, o cavaleiro covarde, espada mágica em punho, matou vários dragões, libertando uma donzela após outra.

Um dia, no final do ano letivo, Merlin aplicou um teste surpresa à classe do jovem cavaleiro. Os alunos teriam de sair a campo e matar um dragão nesse mesmo dia. Na empolgação do momento, quando todos os cavaleiros corriam para mostrar o seu vigor e coragem, nosso anti-herói acabou pegando a espada errada. Logo ele chegou à boca de uma caverna em que deveria libertar uma donzela aprisionada. O seu raptor, cuspindo fogo pelas ventas, precipitou-se para fora da caverna. Sem saber que tinha pego a espada errada, o jovem cavaleiro empunhou a espada, preparando-se para derrotar o dragão que investia contra ele. Quando estava prestes a desferir o golpe, notou que não estava com a espada certa. Nada de espada mágica, apenas uma espada comum, usada apenas pelos bons cavaleiros.

Era tarde demais para voltar atrás. Ele brandiu a espada com um volteio ensaiado e, para a sua surpresa e satisfação, arrancou a cabeça de mais um dragão.

Ao voltar para a sala de aula, com a cabeça do dragão amarrada no cinto, a espada na mão e a donzela na garupa, o cavaleiro correu para contar a Merlin sobre o seu engano e a sua inexplicável recuperação.

Merlin riu ao ouvir a história do jovem cavaleiro. Então disse ao aluno, "Achei que você adivinharia agora: não existem espadas mágicas nem nunca existiram. A única magia é acreditar".

O camelo vive na magia do acreditar. Funciona. Isso pode operar milagres. Mas o camelo continua sendo um camelo; não há crescimento.

As pessoas que rezam nos templos e nas igrejas estão sob a influência da crença. Elas não sabem quem é Deus, nunca sentiram nada que se parecesse com isso; elas só acreditam. A magia da crença continua fazendo algumas coisas por elas, mas tudo não passa de tapeação, uma espécie de mundo dos sonhos. Elas não estão livres da inconsciência, livres do sono. E lembre-se, não estou dizendo que esse estágio não seja necessário; ele é necessário, mas depois de concluído é preciso sair dele. Não estamos aqui para ser camelos para sempre.

E não fique zangado com os seus pais, com os seus professores, com os seus sacerdotes ou com a sociedade, pois eles *precisam* cultivar uma certa obediência em você — pois é só por meio da obediência que você conseguirá assimilar. O pai tem de ensinar, a mãe tem de ensinar e a criança tem simplesmente que absorver o que é ensinado. Se a dúvida surgir precocemente, a assimilação é interrompida.

Basta pensar numa criança no útero da mãe que comece a duvidar — ela morrerá — duvidar se deve se nutrir do alimento da mãe ou não, se o alimento é realmente nutritivo ou não: "Quem sabe, pode estar envenenado" — se deve dormir 24 horas por dia ou não, pois é tempo demais, dormir 24 horas ininterruptas, durante nove meses. Se a criança passar a ter a mais leve dúvida, essa própria dúvida a levará à morte. E mesmo assim chegará o dia em que a dúvida terá de ser assimilada, aprendida. Cada coisa tem o seu tempo certo.

Todo pai se depara com o problema: o que dizer ao filho? Toda mãe enfrenta o problema: o que ensinar à filha? Todo professor se preocupa: o que deve transmitir à nova geração? O passado tem muitas, muitas glórias, muitos picos de entendimento, muitas conclusões que têm de ser transmitidas à criança.

No primeiro estágio, todo mundo tem de ser camelo, alguém que só diz "Sim", que acredita em tudo o que lhe dizem, que assimila, digere; no entanto, esse é só o começo da jornada, não é o fim.

O segundo estágio é difícil. O primeiro estágio, a sociedade lhe dá; é por isso que existem milhões de camelos e muito poucos leões. A sociedade o abandona quando você vira um camelo perfeito. Depois disso, a sociedade não pode fazer mais nada. É nesse ponto que a tarefa da sociedade acaba — a tarefa da escola, da faculdade, da universidade. Ela faz de você um camelo perfeito com um diploma na mão.

O leão você tem de se tornar por si mesmo, lembre-se. Se não decidir se tornar um leão, você nunca se tornará um. Esse risco tem

74   LIBERDADE

de ser tomado pelo indivíduo. Trata-se de um jogo de azar. E é muito perigoso também, pois, ao virar um leão, você passa a incomodar todos os camelos à sua volta, e os camelos são animais pacíficos; eles estão sempre dispostos a fazer concessões. Eles não querem ser perturbados, não querem nada novo acontecendo neste mundo, pois tudo o que é novo perturba. Eles são contra os revolucionários e os rebeldes; perceba, nada de coisas grandiosas — nada de Sócrates e de Cristo; eles causam grandes revoluções — os camelos têm receio de coisas tão pequenas que você ficará surpreso.

Eu ouvi...

Em dezembro de 1842, Adam Thompson, de Cincinnati, encheu a primeira banheira dos Estados Unidos. A notícia a respeito da banheira do sr. Thompson logo se espalhou. Os jornais diziam que a novidade iria acabar com a simplicidade democrática da república.

Veja só, uma banheira iria arruinar a integridade da república democrática.

Os médicos previam reumatismos, inflamações nos pulmões, etc., etc. Os mais sábios concordavam que banhos na época do inverso enfraqueceriam a população sadia. A Filadélfia, o berço da liberdade, tentou proibir os banhos de banheira de 1º de novembro até 1º de março; em Boston, o banho de banheira passou a ser permitido apenas com prescrição médica; em Hartford, Providence, Wilmington e em outras cidades, tentou-se reprimir o hábito de tomar banho de banheira impondo-se pesadas taxas de água. No estado da Virgínia, o hábito de tomar banho de banheira levou um golpe com a decretação de uma taxa de trinta dólares para cada banheira trazida para o estado. Por volta de 1922, contudo, 889 mil banheiras eram produzidas anualmente.

Os camelos são simplesmente contra tudo o que é novo, não importa o quê. Pode ser apenas uma banheira, mas eles racionalizarão o seu antagonismo.

Em uma região da antiga Grécia, cultivou-se por muito tempo um costume: o homem que propusesse uma nova lei diante de uma assembléia popular teria de fazer isso sobre uma plataforma e com uma corda em volta do pescoço. Se a lei fosse aprovada, tiravam-lhe a corda; se não fosse, tiravam-lhe a plataforma.

Os leões não são bem-vindos. A sociedade cria todo tipo de dificuldade para os leões. Os camelos têm medo dessas pessoas. Elas os tiram da sua comodidade, perturbam o seu sono, dão preocupação. Elas instigam nos camelos o desejo de se tornar leões — esse é o verdadeiro problema.

Por que Jesus foi crucificado? Bastava a presença dele para que muitos camelos começassem a sonhar com a possibilidade de se tornar leões, e isso perturbava-lhes o sono, isso perturbava a sua vida comum, mundana.

Por que Buda foi apedrejado? Por que Mahavira não tinha permissão para entrar nas cidades? Por que Mansoor foi decapitado? Essas pessoas incomodam; elas perturbam o sono, elas não param de rugir. Buda chamava os seus sermões de "O Rugido do Leão".

O primeiro, o estado do camelo, é conferido pela sociedade. O segundo estado tem de ser atingido pelo indivíduo. Ao atingi-lo, você passa a ser um indivíduo, você se torna único. Deixa de ser um conformista, deixa de fazer parte de uma tradição. O casulo é descartado; você vira uma lagarta e começa a se mexer.

O estado do leão tem estas características: independência; a capacidade de dizer "Não"; a desobediência; a rebelião contra o outro, contra a autoridade, contra o dogma, contra as escrituras, contra a Igreja, contra o poder político, contra o estado. O leão é contra tudo! Ele quer estilhaçar tudo e criar um mundo inteiramente novo, mais próximo do desejo do coração. Ele tem grandes sonhos e utopias na cabeça. Ele parece louco aos olhos dos camelos, pois os camelos vivem no passado e o leão começa a viver no futuro. Surge uma grande lacuna. O leão anuncia o futuro e o futuro só pode chegar se o passado for destruído. O novo só pode vir à luz se o velho deixar de existir e der espaço para o novo. O velho tem de morrer para o novo nascer. Existe, assim, uma luta constante entre o leão e o camelo, e os camelos são a maioria. O leão acontece de vez em quando, ele é uma exceção — e a exceção só prova a regra.

A descrença é a sua característica, a dúvida é a sua característica. Adão come o fruto da Árvore do Conhecimento: nasce a mente, o eu passa a ser um fenômeno definido. O camelo não é egocêntrico, o leão é muito egocêntrico. O camelo nada conhece sobre o ego, o leão só conhece o ego. É por isso que você sempre encontrará revolucionários, rebeldes — poetas, pintores, músicos — extremamente egocêntricos. Eles são boêmios. Vivem a vida, fazem o que gostam. Não dão a mínima para os outros. Querem que os outros vão para o inferno! Eles não fazem mais parte de nenhuma estrutura, ficaram livres das estruturas. O movimento, o rugido do leão, tende a ser egocêntrico. Eles precisam de um grande ego para entrar nessa.

No Oriente, você encontrará mais camelos; no Ocidente, encontrará mais leões. É por isso que, no Oriente, a entrega parece mais fácil. Para a mente ocidental, parece difícil se entregar. Mas uma coisa é preciso lembrar: a mente oriental acha muito mais fácil se entregar; é por isso que a sua entrega não tem muito valor. Ela já está entregue. Ela não sabe dizer "Não", é por isso que diz "Sim". Quando a mente ocidental se entrega, é muito difícil. É uma luta para a mente ocidental se render, mas, quando ela se rende, ocorre uma grande transformação, pois a entrega é uma tarefa dura, árdua, penosa. No Oriente, a entrega tem pouco valor; no Ocidente, ela tem um preço alto. Só pessoas muito corajosas têm condições de se entregar.

O Oriente se entrega porque não existe mais possibilidade de se tornar um leão. Ele acha muito confortável, muito fácil se entregar, tornar-se parte de uma multidão, de uma massa. O Ocidente criou o

Caminhos para a liberdade 77

ego. Prestou mais atenção ao leão — a dúvida, a descrença, o ego —, mas, sempre que a mente ocidental se entrega, ocorre uma transformação realmente grandiosa.

A mente oriental se entrega, continua sendo um camelo. Se a mente ocidental se entregar, existe a possibilidade de que a "criança" nasça. Quando o leão se rende, ele vira criança; quando o camelo se rende, ele continua sendo um camelo.

Assim, eu posso parecer paradoxo aos seus olhos, mas, se você entender o que estou dizendo, não ficará muito difícil e o paradoxo deixará de parecer um paradoxo. Todo indivíduo tem de aprender sobre o ego antes de poder descartá-lo. Todo indivíduo tem de conquistar um ego bem cristalizado; só então adianta descartá-lo; do contrário, não adianta nada.

O primeiro estado, o do camelo, é inconsciente. O segundo estado, o do leão, é subconsciente — está um pouco acima do inconsciente. Uns poucos vislumbres do consciente começaram a ocorrer. O sol está nascendo e alguns raios estão invadindo o cômodo escuro onde você dorme. O inconsciente não é mais inconsciente. Alguma coisa se agita no inconsciente; tornou-se subconsciente. Mas, lembre-se, a mudança não é tão grande — do camelo para o leão — como vai ser a do leão para a criança. A mudança é um tipo de volta ao estado anterior. O camelo começa a fazer um esforço e se torna leão. O camelo diz "Sim", o leão diz "Não". O camelo obedece, o leão desobedece. O camelo é positivo, o leão é negativo. É preciso entender que o camelo disse "Sim" por vezes demais e tem de continuar se negando a dizer "Não"; o "Não" vai se acumulando; e chega o ponto em que o "Não" quer se desforrar do "Sim". A parte negada quer tirar a desforra. Então a roda toda gira — o camelo fica de cabeça para baixo e se torna o leão.

A diferença entre o camelo e o leão é grande, mas ambos existem no mesmo plano. O casulo fica parado num só lugar; a lagarta

始78 LIBERDADE

começa a se mexer; na mesma terra, no entanto. Surge o movimento, mas o plano é o mesmo. A primeira coisa é dada pela sociedade: o fato de você ser um camelo é uma dádiva da sociedade. Ser um leão é uma dádiva que você concede a si mesmo. A menos que se ame, você nunca será capaz de fazer isso. A menos que você queira se tornar um indivíduo, único por direito próprio, a menos que você assuma o risco de ir contra a corrente, você não será capaz de se tornar um leão.

Mas, se você entender o mecanismo... é no próprio âmago do camelo que o leão é criado. Vezes sem conta, dizendo "Sim" e negando o "Não", o "Não" começa a se acumular. E chega um dia em que a pessoa fica cheia de dizer "Sim"; só para mudar ela quer dizer "Não". A pessoa se farta do positivo, o gosto do "Sim" fica monótono; só para mudar ela quer provar o "Não".

É assim que o camelo, pela primeira vez, começa a ter sonhos com o leão. E depois que provou o "Não" — a dúvida, a descrença —, você não consegue mais ser camelo, pois isso traz tamanha liberdade, tamanha libertação...

A grande maioria está empacada no estágio do camelo; a minoria está empacada no estágio do leão. A maioria significa as massas e a minoria significa a *intelligentsia*. O artista, o poeta, o pintor, o músico, o pensador, o filósofo, o revolucionário — eles estão empacados no segundo estágio. Estão bem melhor que os camelos, mas o objetivo ainda não foi atingido. Eles não chegaram em casa. O terceiro estágio é o da "criança".

Ouça com atenção: o primeiro estágio é concedido pela sociedade, o segundo o indivíduo concede a si mesmo. O terceiro só é possível quando a lagarta está perto de se tornar borboleta; do contrário, não é possível. Como a lagarta poderá um dia pensar que ela pode voar com as suas próprias asas, que ela pode se tornar uma criatura alada? Não é possível! Não dá nem para imaginar! É um absurdo, um disparate. A lagarta sabe se mover, mas voar é absurdo.

Ouvi borboletas dizendo a lagartas que elas podem voar, mas estas negavam dizendo, "Não, pode ser possível para você, mas não para nós. Você é uma borboleta, nós somos lagartas! Nós só sabemos rastejar". E quem só sabe rastejar como pode se imaginar voando? Essa é uma dimensão diferente, uma dimensão totalmente diferente — a dimensão vertical.

Do camelo para o leão, trata-se de uma evolução. Do leão para a criança, trata-se de uma revolução. Nesse estágio é necessário um Mestre. A sociedade pode fazer de você um camelo, você mesmo pode se tornar um leão, mas você precisará de um Mestre — um Buda, um Cristo, um Rumi —, precisará de uma borboleta que tenha asas. Só com um fenômeno alado você será capaz de começar a sonhar com asas. Como você pode sonhar com uma coisa que nunca conheceu? Você acha que uma tribo primitiva, que vive em algum lugar do Himalaia, pode sonhar com um carro? Eles nunca viram um, não podem sonhar com ele. O sonho só é possível se você já viu a coisa — se você já viu Cristo ou Buda ou Bodhidharma e sabe que isso acontece. E essas pessoas se parecem com você e, ainda assim, não são como você. Elas têm o mesmo corpo, a mesma estrutura e, no entanto, algo do desconhecido invadiu-lhes o ser. O transcendente penetrou-as, o transcendente é muito palpável ali. Se você se aproxima delas com simpatia e amor, conseguirá ter pequenos vislumbres do seu céu interior. E depois que tiver visto esse céu interior, você começará a sonhar com ele. Um grande anseio surgirá em você: como se tornar um fenômeno alado?

Essa é a contaminação que ocorre do Mestre para o discípulo. O terceiro fenômeno acontece por meio do Mestre. A "criança" significa criatividade, interdependência.

O primeiro estágio, do camelo, era dependência; o segundo estágio era independência; mas na inocência a pessoa descobre que não existe nem dependência nem independência. A vida é interdependência — todos somos dependentes uns dos outros. Somos todos uma coisa só.

Surge o senso do todo: nem o "Eu" nem o "Você", nem a fixação no "Sim" nem no "Não", nem a obsessão por dizer sempre "Sim" nem de dizer sempre "Não"; há mais fluidez, mais espontaneidade; nem obediência nem desobediência, mas espontaneidade. Nasce a responsabilidade. A pessoa responde à existência, não reage ao passado e não reage ao futuro.

O camelo vive no passado, o leão vive no futuro, a criança vive no presente, no aqui e agora. O camelo é pré-mental, o leão é mental, a criança é pós-mental. O camelo é pré-egóico, o leão é egóico, a criança é pós-egóica. Esse é o significado do estado de não-mente. Os sufis o chamam de Fana — o ego desaparece, o outro também. Eles estão juntos, não se pode ter um sem o outro. O eu-tu faz parte da mesma energia; ambos desaparecem.

A criança simplesmente é...inefável, indefinível, um mistério, uma maravilha. O camelo tem memória, o leão tem compreensão e a criança tem sabedoria. O camelo ou é cristão ou é hindu ou é muçulmano, é teísta; o leão é ateísta e a criança é religiosa — nem teísta nem ateísta, nem hindu nem muçulmana nem cristã nem comunista; só uma simples religiosidade, a qualidade do amor e da inocência.

Adão come o fruto e se torna um leão. Adão, antes de comer o fruto da Árvore do Conhecimento, é um camelo. E, quando Adão regurgitar o fruto, descartar o conhecimento, ele se torna criança. Criança significa Cristo. Cristo disse muitas vezes aos discípulos, "Arrependam-se!" A palavra "arrepender-se" em hebraico significa voltar; o Jardim do Éden ainda espera por você. Regurgite essa maçã do conhecimento e as portas se abrirão para você.

O camelo é Adão antes de comer o fruto, o leão é Adão depois de comer o fruto e a criança é Adão tornando-se Cristo, voltando para casa. Buda a chama de *nirvana*, Jesus a chama de Reino de Deus.

Você pode chamá-la do que quiser: Tao, *dharmma, moksha*. As palavras não importam aqui; trata-se do silêncio sem palavras, da inocência sem pensamentos.

DO RELACIONAMENTO AO AMOR

A palavra *amor* pode ter dois significados absolutamente diferentes — não apenas diferentes, mas diametralmente opostos. Um significado é amor no sentido de relacionamento; o outro é amor no sentido de estado do ser. No momento em que o amor se torna relacionamento, ele passa a ser um cativeiro, pois existem expectativas, existem exigências, exigem frustrações e um esforço de ambos os lados para dominar. O amor torna-se uma luta pelo poder. O relacionamento não é a coisa certa. Mas o amor como estado do ser é uma coisa totalmente diferente. Significa que você está simplesmente amando; você não está criando um relacionamento a partir dele. O seu amor é assim como o perfume de uma flor. Ele não cria um relacionamento; não pede que você seja de um certo modo, que se comporte de um certo modo, que aja de um certo modo. Ele não exige nada. Simplesmente compartilha. E nesse compartilhar também não existe nenhum desejo de recompensa. O próprio compartilhar é a recompensa.

Quando o amor torna-se um perfume para você, ele tem uma beleza extraordinária. E algo que está muito além da chamada humanidade — ele tem algo de divino.

Quando o amor é um estado, você não pode fazer nada com ele. Ele irradia, mas não cria nenhum aprisionamento para ninguém, nem deixa que você seja aprisionado por ninguém.

Contudo, você está acostumado a criar relacionamentos, desde que era criança. Um homem estranho e você tem de criar um relacionamento com ele como sendo o seu pai. Talvez você não tenha nem certeza de que ele é o seu pai...

Já ouvi falar de uma cartomante que costumava ler a mão das pessoas. Um ateu, um jovem que não acreditava em Deus nem acreditava em nenhum tipo de bobagem — leitura de mãos, astrologia — foi à cartomante e disse, "Se a sua ciência é verdadeira, leia a minha mão e diga onde o meu pai está neste momento".

A cartomante olhou a mão do jovem e disse, "O seu pai foi pescar". O ateu riu e disse, "É isso o que eu digo, é tudo bobagem. O meu pai morreu há três anos; como pode ter ido pescar hoje?"

A cartomante respondeu, "Isso não é da minha conta, mas a verdade é que o homem que morreu não era o seu pai. O seu pai verdadeiro está pescando. Procure a sua mãe e pergunte. Se ela for sincera e honesta, dirá a você que o homem que morreu não era o seu pai — embora vocês tivessem travado um relacionamento, pois lhe disseram que ele era o seu pai".

Ao longo de toda a sua vida, você está cercado por muitos tipos de relacionamento. E relacionamentos como esses, sejam reais ou imaginários, são um tipo muito sutil de escravidão psicológica. Ou você escraviza a outra pessoa ou torna-se você mesmo um escravo.

Outro ponto que é preciso destacar é que você não pode escravizar alguém sem se tornar você mesmo um escravo. A escravidão é uma faca de dois gumes. Um pode ser mais forte, o outro pode ser mais fraco, mas em todo relacionamento você se torna um carcereiro e o outro se torna prisioneiro. Visto do lado do outro, ele é um carcereiro e você o prisioneiro. E essa é uma das causas básicas de a humanidade viver em meio a tamanha tristeza, em tal estado de aflição.

O ódio é muito mais forte num relacionamento do que o amor, pois o amor é muito superficial. O seu ódio é muito profundo. O seu ódio constitui toda a sua herança animal. O seu amor é só um potencial para o futuro; não é um fato, só uma semente. Mas o seu ódio está em pleno desenvolvimento, já amadureceu — milhares de anos do seu passado passando por diferentes formas de vida. Ele já teve tem-

Caminhos para a liberdade 83

po e espaço para crescer. É só no homem que a mudança começa a acontecer.

Mas eu não posso impedir ninguém de me odiar, então como posso impedir alguém de me amar? Tudo o que eu posso fazer é explicar que, no momento em que o ódio, o amor ou qualquer outra coisa passa a ser um relacionamento, ele perde a pureza.

Deixe que o seu amor seja o estado do seu ser. Não que você se apaixone; você simplesmente ama. Trata-se simplesmente da sua natureza. O amor, para você, é só um perfume do seu ser. Mesmo quando está sozinho, você está cercado da energia do amor. Mesmo quando toca uma coisa morta, como uma cadeira, a sua mão irradia amor — não importa para quem. O estado de amor não se dirige a nada.

Não estou sugerindo que você não viva nesse estado de amor, mas que você só pode viver nesse estado se deixar de lado o antigo padrão mental dos relacionamentos. O amor não é um relacionamento.

Duas pessoas podem ser muito amorosas uma com a outra. Quanto mais amorosas elas são, menor é a possibilidade de haver um relacionamento. Quanto mais amorosas elas são, maior é a liberdade que existe entre elas. Quanto mais amorosas elas são, menor é a possibilidade de alguma exigência, dominação, expectativa. E, naturalmente, não existe nenhum tipo de frustração.

Quando duas pessoas têm um relacionamento e as suas expectativas não são preenchidas — e não vão ser mesmo —, o amor transforma-se imediatamente em ódio. Existiam expectativas, agora existem frustrações — mas primeiro elas projetaram as suas expectativas; agora elas estão projetando as suas frustrações. Nenhuma delas consegue ver que estão cercadas pelas suas próprias idéias inconscientes. E estão sofrendo.

Assim como no tempo em que imaginavam se amar, apreciavam uma à outra, sem conhecer uma à outra absolutamente, agora elas condenam uma à outra. É por isso que eu quero que você se lembre:

não tenha expectativas. Ame porque o amor é o seu próprio crescimento interior. O seu amor ajudará você a crescer em direção à luz, em direção a mais verdade, a mais liberdade. Mas não comece um relacionamento.

Lembre-se apenas de uma coisa: o amor é capaz de destruir todo o resto; simplesmente não deixe que ele se torne um relacionamento — assim o amor desaparecerá e, em nome do amor, surgirá a dominação, a política. Os problemas, então, só começarão a aumentar.

Eu sou contra todos os tipos de relacionamento. Por exemplo, não gosto da palavra "amizade", mas gosto da palavra "amigo". Ser amigo é uma qualidade sua. A amizade também se torna um relacionamento.

Não existe, assim, nada de errado com o amor. Na verdade, sem o amor tudo está errado. Mas o amor é tão valioso que ele precisa ser protegido de todo tipo de poluição, de contaminação, de qualquer tipo de envenenamento. O relacionamento o contamina. Quero que o mundo consista em indivíduos. Até mesmo o uso da palavra "casal" me agride. Você tem de destruir dois indivíduos e um casal não é uma coisa bonita.

Deixemos que o mundo se componha de indivíduos e, sempre que o amor brotar espontaneamente, cante com ele, dance com ele, viva-o; não crie correntes que o prendam a ele. Nem tente prender alguém num cativeiro, nem deixe que ninguém prenda você num cativeiro.

Um mundo composto apenas de indivíduos será um mundo verdadeiramente livre.

Uma das maiores necessidades do homem é ser necessário. Por isso não consigo conceber um tempo em que o amor não existirá mais. Enquanto existirem seres humanos, o amor continuará sendo a mais preciosa das experiências. Trata-se de algo que está disponível na terra, mas que não pertence à terra. Ele dá a você asas para voar assim como uma águia cruzando o céu.

Caminhos para a liberdade   85

Sem amor você fica sem asas. Mas pelo fato de ser um alimento e uma necessidade, surgiram muitos problemas em torno dele. Você quer que o seu amante ou bem-amado esteja à sua disposição amanhã também. Hoje foi bonito e você está preocupado com o amanhã. Por isso surgiu o casamento. Trata-se apenas do medo de que talvez amanhã o seu amante ou bem-amado possa deixar você — então façamos um contrato diante da sociedade e da lei. Mas ele é vil — absolutamente vil, nojento. Fazer do amor um contrato significa que você está pondo a lei acima do amor; significa que você está colocando o coletivo acima da individualidade e está se apoiando nos tribunais, nos exércitos, na polícia, nos juízes, para que o seu cativeiro seja absolutamente garantido e seguro. Amanhã pela manhã... nunca se sabe. O amor vem como uma brisa — ele pode vir de novo, pode não vir. E quando ele não vem, só por causa da lei, por causa do casamento, por causa da preocupação com a respeitabilidade social, quase todos os casais do mundo caem na prostituição.

Viver com uma mulher que você não ama, viver com um homem que você não ama, viver junto para ter segurança, para ter proteção, para ter respaldo financeiro, viver junto por qualquer motivo que não seja amor, não passa de prostituição. Eu gostaria que a prostituição desaparecesse completamente deste mundo. Todas as religiões pregam que a prostituição não deveria existir — mas é assim que é a estupidez humana. Essas mesmas religiões que são contra a prostituição são a causa da prostituição, pois, por um lado, elas apóiam o casamento e, por outro, são contra a prostituição.

O próprio casamento é uma prostituição. Se eu confio no meu amor, por que deveria me casar? A própria idéia de se casar é um sinal de desconfiança. E algo que é produto da desconfiança não vai ajudar o seu amor a ficar mais profundo e elevado. Ele vai destruí-lo. Ame, mas não destrua o amor com uma coisa falsa — o casamento ou qualquer outro tipo de relacionamento. O amor só é autêntico quan-

LIBERDADE

do dá liberdade. Deixe que esse seja o critério. O amor só é verdadeiro quando não invade a privacidade da outra pessoa. Ele respeita a individualidade, a privacidade dela. Mas os amantes que você vê por este mundo afora fazem de tudo para que nada seja privado; todos os segredos têm de ser compartilhados. Eles temem a individualidade; destroem a individualidade um do outro e acham que, destruindo um ao outro, vão ter uma vida de contentamento, de total plenitude. Ela simplesmente fica cada vez mais infeliz.

Seja amoroso e lembre-se de que tudo o que é verdadeiro nunca pára de mudar. Ensinaram-lhe idéias erradas de que o amor dura para sempre. Uma rosa de verdade não dura para sempre. O próprio ser vivo tem de morrer um dia. A vida é constante mudança. Mas a noção, a idéia de que o amor tem de ser permanente se for verdadeiro... e se o amor deixa de existir um dia, então o corolário natural é o de que ele não era um amor de verdade.

A verdade é que o amor surge de repente; não em resultado de nenhum esforço da sua parte. Ele vem como uma dádiva da natureza. Quando ele brotou, você não o teria aceito se estivesse preocupado em descobrir se ele acabaria subitamente um dia. Do jeito que ele vem, também vai embora. Mas não há motivo para preocupação, pois, se uma flor murchar, outras desabrocharão. Sempre haverá flores desabrochando, mas não se agarre a uma apenas. Do contrário, você logo estará agarrado a uma flor morta. E essa é que é a realidade: as pessoas estão apegadas a um amor morto, que um dia existiu. Agora ele não passa de uma lembrança e de uma dor e você está amarrado por causa da sua preocupação com a respeitabilidade, por causa da lei.

Karl Marx defendia a idéia, uma idéia correta, de que no comunismo não haveria casamentos. E, quando estourou a revolução na Rússia, nos primeiros quatro ou cinco anos eles tentaram pregar o amor livre. Mas então se deram conta de dificuldades práticas de que Marx não fazia idéia — ele estava só teorizando — e a maior dificul-

Caminhos para a liberdade

dade era que, se não existisse casamento, acabaria a família. E a família é a espinha dorsal, a própria essência da sociedade, da nação. Se acaba a família, a nação não consegue continuar existindo.

No período de apenas cinco anos, depois da revolução, o partido comunista da Rússia mudou a idéia toda. O casamento passou a ser defendido outra vez; o divórcio passou a ser permitido, mas com muitas reservas — criava-se todo tipo de obstáculo ao divórcio, de modo que a família pudesse continuar unida, pois eles estavam mais interessados, naquele momento, em fortalecer a nação. Sem a nação, não haveria políticos. Não haveria governo. E depois disso eles nunca mais falaram no fato de que uma das idéias básicas de Marx era a de que o casamento surgira graças à propriedade particular, portanto, quando a propriedade particular desaparecesse, o casamento também desapareceria. Ninguém falou mais nisso.

Eu não quero que exista família, não quero que existam nações — não quero que o mundo seja dividido em partes. Quero um mundo composto de indivíduos livres, que vivam um amor espontâneo, que vivam em silêncio, cheios de alegria, sem condenar os prazeres, sem medo do inferno e sem esperar recompensas no céu — porque podemos criar o paraíso aqui. Temos todo o potencial para criá-lo, mas não o estamos usando. Pelo contrário, estamos criando todo tipo de obstáculo.

Eu não sou contra o amor. Sou totalmente a favor dele; é por isso que sou contra relacionamentos, contra casamentos. Pode ser que duas pessoas consigam viver a vida toda juntas. Ninguém está dizendo que você tenha de se separar, mas essa vida em comum será fruto apenas do amor, sem que um interfira ou invada a individualidade do outro, a alma do outro. Essa é a dignidade da outra pessoa.

Você pode ser amoroso, você pode *ser* amor. E, se você está simplesmente amando, se você for simplesmente amor, então não existe possibilidade de que o amor se transforme em ódio. Pelo fato de não existir

88   LIBERDADE

expectativa, não há como ficar frustrado. Mas estou falando do amor como um fenômeno espiritual, não como biologia. Biologia não é amor, é luxúria. A biologia está interessada na continuação das espécies; a idéia de amor é só uma sedução biológica. No momento em que faz amor com uma mulher ou com um homem, você descobre que o interesse acabou, pelo menos pelas próximas 24 horas. E isso depende da sua idade — à medida que vai ficando mais velho, são 48 horas, 72 horas...

Chega um novo comandante a uma base da Legião Estrangeira francesa e o capitão mostra a ele as instalações. Depois que deram uma volta por todo o lugar, o comandante olha para o capitão e diz:

"Espere um minuto. Você não me mostrou aquela casinha azul ali adiante. Para que ela é usada?"

O capitão respondeu:

"Bem, senhor, veja bem, é ali que deixamos o camelo. Sempre que um homem sente necessidade de uma mulher..."

"Basta!", exclamou o comandante enojado.

Bem, duas semanas depois, o próprio comandante começou a sentir falta de uma mulher. Ele procurou o capitão e disse:

"Diga-me uma coisa, capitão", perguntou ele baixando a voz e olhando furtivamente para os lados, "será que o camelo estará livre uma hora destas?"

"Bem, deixe-me ver", respondeu o capitão, abrindo o seu livro. "Ora, estará sim, senhor; o camelo estará livre amanhã à tarde, às duas horas."

"Anote aí o meu nome", pediu o comandante.

Então, no dia seguinte, às duas horas, o comandante se dirigiu à casinha azul e abriu a porta. Dentro ele descobriu o camelo mais engraçadinho que já vira. Então fechou a porta.

O capitão ouviu um grande rugido e gritos, então correu e irrompeu dentro da cabana. Ele encontrou o comandante nu, coberto de lama e pêlo de camelo.

"Perdoe-me, senhor", disse o capitão, "mas não seria melhor fazer como os outros homens — subir no camelo e procurar uma mulher na cidade?"

DA REAÇÃO PARA A AÇÃO

A primeira coisa, e a mais fácil de entender, é que, seja lá o que você faça, nunca deve ser uma reação. Se for uma *ação*, então não há problema. A *ação* é sempre boa; a *reação* é sempre ruim.

Então procure primeiro entender esse termo, *reação*. Significa que você está agindo inconscientemente. Alguém está manipulando você. Alguém diz alguma coisa, faz alguma coisa, e você reage. O verdadeiro dono da situação é outra pessoa. Alguém aparece e insulta você e você reage, fica com raiva. Alguém aparece e elogia você e você sorri e fica feliz. Trata-se da mesma coisa. Você é um escravo e o outro sabe como mexer com você. Você está se comportando como um mecanismo. Você é um autômato, não é um ser humano ainda.

Aja, não reaja. Não seja um fantoche na mão das pessoas.

Você não pode prever o que fará uma pessoa que age a partir da não-mente. Só a mente é previsível. Se você está desperto, alerta, consciente, ninguém pode dizer que rumo a situação vai tomar. Ninguém pode dizer; mil e uma alternativas se abrem para a consciência. A consciência é total liberdade — é espontânea, um *ato*, totalmente no presente, não é controlada por ninguém, nasce do próprio ser...

Nós reagimos de acordo com os nossos condicionamentos. Se você nasceu numa família vegetariana e colocam comida não-vegetariana sobre a mesa, você sente náuseas, enjôo. Não por causa da comida não-vegetariana, mas por causa do seu condicionamento. Outra pessoa que tenha sido condicionada a comer carne sentirá prazer só de olhá-la; sentirá apetite, não náusea; ficará feliz, estimulada. Isso também é um condicionamento.

90 LIBERDADE

Nós reagimos porque fomos condicionados de certa maneira. Você pode ter sido condicionado a ser muito educado. Pode ter sido condicionado a ficar calmo em situações em que as pessoas normalmente ficam agitadas e ensandecidas. Mas, se isso é um condicionamento, não tem nada a ver com religiosidade; não tem nada a ver com psicologia. E Buda ou Jesus não são os mestres nesse caso — B. F. Skinner e Pavlov, eles são os mestres. Trata-se de um reflexo condicionado.

Ouvi a história de um novo camundongo que chega ao laboratório de B. F. Skinner.

Os psicólogos continuam trabalhando com camundongos porque não dão nenhum crédito ao homem. Eles acham que, se conseguem entender a mente de um rato, conseguem entender a humanidade.

O velho camundongo, que estivera ali com Skinner durante muito tempo, instruiu o recém-chegado e disse:

"Olhe, esse B. F. Skinner é um bom sujeito, mas você tem de condicioná-lo primeiro. Aperte este botão e imediatamente chega o seu café da manhã. Eu tive de condicioná-lo à perfeição."

O condicionamento é um assassinato; a sua espontaneidade é destruída. A mente é alimentada com certas idéias e não deixam que você responda; só deixam que reaja. Sejam coisas pequenas ou coisas grandes, é a mesma coisa.

Se você foi criado numa família religiosa, a palavra *Deus* é bela, sagrada. Mas, se foi criado numa família comunista, então a própria palavra é feia, nauseante. A pessoa sente como se ficasse com um gosto ruim na boca depois de pronunciá-la.

Seja grande ou pequeno, não importa. Se você continuar se comportando do jeito como foi condicionado, viverá como uma máquina; o humano não terá nascido ainda.

Dizem que, se você contar uma piada a um inglês, ele rirá três vezes. Ele rirá da primeira vez, quando você contá-la, para ser educa-

Caminhos para a liberdade

do. Ele rirá pela segunda vez, quando você explicá-la, mais uma vez para ser educado. É assim que o inglês foi treinado — para ser sempre educado. Finalmente, ele rirá pela terceira vez no meio da noite, quando acordar de um sono profundo e de repente entender a piada.

Se você contar a um alemão a mesma piada, ele rirá duas vezes. Rirá pela primeira vez, quando você contá-la, para ser educado. Rirá pela segunda vez, quando você explicá-la, para ser educado. Não rirá pela terceira vez, porque não vai entendê-la.

Se contar a mesma piada ao americano, ele rirá uma vez — quando você contá-la — porque vai entendê-la.

Se contar a mesma piada a um judeu, ele não rirá coisa nenhuma. Em vez disso, dirá:

"Essa piada é velha e, além disso, você contou tudo errado."

Pode ser uma piada ou pode ser uma grande filosofia. Pode ser uma trivialidade ou o próprio Deus. Não faz diferença. As pessoas se comportam do jeito que foram condicionadas a se comportar, do jeito que foram ensinadas a se comportar, do jeito que esperam que elas se comportem. Não se deixa que a natureza aja; só a criação tem permissão para agir. Essas são as pessoas que eu chamo de escravas.

Quando você for livre, quando deixar todo o condicionamento de lado e pela primeira vez olhar a vida com novos olhos, sem nuvens de condicionamento atrapalhando, você passará a ser imprevisível. Então ninguém saberá, ninguém poderá imaginar o que vai acontecer. Porque você não estará mais lá, a existência agirá por seu intermédio. Neste momento, só a sociedade continua a agir por seu intermédio.

Depois que você estiver simplesmente alerta, pronto para responder, sem idéias fixas, sem preconceitos, sem planos, aconteça o que acontecer no momento, você será verdadeiro e autêntico.

Lembre-se de duas palavras — autoridade e autenticidade. Normalmente você se comporta de acordo com a autoridade que condicionou você — o padre, o político, os pais. Você se comporta de acordo com a autoridade. Um homem com liberdade não se comporta de acordo com a autoridade; ele se comporta de acordo com a sua própria autenticidade. Ele responde. A situação surge, o desafio aparece — e ele responde com todo o seu ser. Nem mesmo ele poderia prever como responderia.

Se você me faz uma pergunta, mesmo que eu não saiba a resposta, eu vou dá-la a você. Só quando eu respondo é que fico conhecendo a resposta; só quando digo, "Portanto, eis a resposta!" A sua pergunta está aí, eu estou aqui — uma resposta está prestes a surgir.

Resposta é responsabilidade. Resposta é autenticidade. Resposta é viver no momento.

Você sempre pode prever o que as pessoas inconscientes farão: elas serão valentes ou covardes, serão pacientes ou impacientes. Mas para um indivíduo de entendimento não existem alternativas do tipo "ou isto ou aquilo" — todas as possibilidades estão sempre abertas; não há nenhuma porta fechada. E cada momento decide. A pessoa consciente, a pessoa livre, não carrega uma decisão de antemão; ela não tem decisões prontas. Nova, virgem, ela vive. Ela não é corrompida pelo passado.

Consciência é a chave. Se você fica consciente, todo o resto acontece.

Não tente se tornar nada — paciente, amoroso, não-violento, pacífico. Não tente. Se tentar, você se obrigará e será um hipócrita. Foi assim que toda a religião se tornou hipocrisia. Por dentro, você é diferente; por fora, você usa maquiagem. Você sorri e, por dentro, gostaria de matar. Dentro, você carrega todo o lixo e, do lado de fora, você continua espalhando perfume. Por dentro, você fede; do lado de fora, você cria uma ilusão, como se você fosse um botão de rosa.

Caminhos para a liberdade

Nunca reprima nada. A repressão é a maior calamidade que já aconteceu ao homem. E aconteceu por belos motivos. Você olha para Buda — tão silencioso, imperturbável. Surge a cobiça: você também gostaria de ser assim. O que faz? Começa a tentar ser uma estátua de pedra. Sempre que surge uma situação que poderia perturbá-lo, você se reprime. Controla-se.

Controle é uma palavra feia. Não parece palavrão, mas é palavrão.

Liberdade... E, quando digo liberdade, não quero dizer licenciosidade. Você pode entender mal. Quando digo liberdade, você pode entender licenciosidade, pois é assim que as coisas são. Uma mente controlada, sempre que ela ouve falar de liberdade entende como licenciosidade. A licenciosidade é o extremo oposto do controle. A liberdade está justamente no meio, exatamente no meio, onde não existe nem controle nem licenciosidade.

A liberdade tem a sua própria disciplina, mas ela não é imposta por nenhuma autoridade. Ela é fruto da consciência, da autenticidade. A liberdade nunca deve ser confundida com licenciosidade; do contrário, você deixará de enxergar mais uma vez o ponto principal.

A consciência traz liberdade. Na liberdade, não há necessidade de controle, porque não existe possibilidade de abuso. É por causa do abuso da liberdade que você tem sido obrigado a se controlar e, se você continuar abusando, a sociedade continuará controlando você.

É por causa da sua licenciosidade que a polícia existe, assim como o juiz, o político e os tribunais, e eles continuarão obrigando você a se controlar. E, ao se controlar, você deixa de perceber o sentido de estar vivo, porque você deixa de perceber a celebração. Como você pode celebrar se está tão controlado?

Acontece quase todo dia. Quando pessoas muito controladas e disciplinadas vêm me procurar, é quase impossível abrir a cabeça delas; elas são rígidas demais... há paredes de pedra em torno delas. Elas

94 LIBERDADE

ficaram petrificadas, ficaram frias como gelo, perderam o calor. Porque, se você é caloroso, não existe medo — você pode fazer alguma coisa. Assim, elas se mataram, envenenaram-se completamente. Para ficar no controle, elas encontraram apenas uma solução, que é não viver de jeito nenhum. Então, seja um Buda de pedra — assim você será capaz de fingir que é paciente, silencioso, disciplinado.

Mas não é isso o que estou ensinando a você. O controle tem de ser descartado assim como a licenciosidade. Agora, você ficará sem saber o que fazer. Você só consegue escolher entre o controle e a licenciosidade — você pode dizer, "Se eu deixo o controle de lado, eu sou licencioso. Se não sou licencioso, tenho de me controlar". Mas eu digo a você que, se ficar consciente, o controle e a licenciosidade escoarão pelo mesmo ralo. Eles são dois aspectos da mesma moeda e, quando há consciência, eles não são necessários.

Aconteceu:

Um garoto de 18 anos, que sempre fora tímido e retraído, uma noite resolveu mudar. Ele saiu do quarto todo arrumado e disse ao pai com ousadia:

"Olha, estou indo para a cidade. Vou procurar umas garotas bonitas. Vou me embebedar e me divertir a valer. Vou fazer todas as coisas que um cara da minha idade deveria estar fazendo na plenitude da vida e sair por aí, atrás de um pouco de aventura e excitação, por isso não tente me impedir!"

O pai respondeu:

"Tentar impedi-lo? Espere aí, filho. Estou indo com você!"

Todas as pessoas controladas estão nesse estado — fervilhando por dentro, esperando para explodir em licenciosidade.

Vá e observe os seus monges nos mosteiros. Na Índia, é muito freqüente esse tipo de neurose. Eles são todos neuróticos. Isso é algo que é preciso entender — ou você é erótico ou é neurótico. Se reprime o seu Eros, o seu erotismo, você fica neurótico. Se se livra da neurose, você fica erótico. E todos os dois são tipos de loucura. A pessoa tem de ser simplesmente ela mesma — nem neurótica nem erótica, preparada para qualquer situação, pronta para enfrentar qualquer coisa que a vida lhe apresente, pronta para aceitar e viver — mas sempre alerta, consciente, lúcida, atenta.

Portanto, a única coisa a se lembrar constantemente é a lembrança de si mesmo. Você não pode se esquecer de si mesmo. E ser sempre motivado pelo núcleo mais profundo do seu ser. Deixe que as ações fluam dali, do próprio centro do seu ser, e tudo o que fizer será virtuoso.

A virtude é uma função da consciência.

Se você faz algo a partir da periferia, pode não parecer um pecado, mas é. A sociedade pode ficar feliz com você, mas você não consegue ficar feliz consigo mesmo. A sociedade pode elogiá-lo, mas, lá no fundo, você se condenará porque sabe que está deixando a vida passar — e deixando-a passar inutilmente.

De que vale o elogio da sociedade? Se as pessoas o chamam de santo, o que é isso? Nada mais do que conversa fiada. Que importância tem isso? Você deixou escapar a divindade por causa de conversa fiada! Deixou escapar a vida por causa dessas pessoas tolas que estão por aí, para que elas tivessem uma opinião favorável a seu respeito.

Viva a vida a partir do seu próprio centro. É só disso que a meditação se trata. E pouco a pouco você começará a sentir uma disciplina que não é forçada, não é cultivada, que brota espontaneamente, brota naturalmente como uma flor. Então você terá toda a vida ao seu dispor e terá todo o seu ser ao seu dispor.

E, quando todo o seu ser e toda a vida se encontrarem, entre os dois brotará aquilo que é liberdade. Entre os dois brotará aquilo que é o nirvana.

REBELIÃO E REVOLUÇÃO

O homem ainda não chegou ao ponto em que os governos possam ser descartados. Anarquistas como Kropotkin são contra o governo, a lei. Ele queria que isso acabasse. Eu também sou anarquista, mas de um modo completamente contrário ao de Kropotkin.

Eu quero elevar a consciência da humanidade até o ponto em que o governo se torne inútil, os tribunais fiquem vazios, ninguém seja assassinado, ninguém seja estuprado, ninguém seja torturado ou molestado. Vê a diferença? A ênfase de Kropotkin é acabar com os governos. Minha ênfase é elevar a consciência dos seres humanos até o ponto em que os governos passem a ser, espontaneamente, inúteis; até o ponto em que os tribunais comecem a fechar, a polícia comece a desaparecer porque não há trabalho, e é dito aos juízes, "Achem outro trabalho". Sou um anarquista de uma outra dimensão muito diferente. Primeiro, deixe que as pessoas se preparem, e então os governos desaparecerão por conta própria. Não sou a favor de acabar com os governos; eles estão preenchendo uma certa necessidade. O homem é tão bárbaro, tão vil, que, se não fosse impedido pela força, toda a sociedade seria um caos.

Não sou a favor do caos. Quero que a sociedade humana se torne um todo harmonioso, uma grande comunidade em todo o planeta: pessoas meditando, pessoas sem culpa, pessoas de grande serenidade, de grande silêncio; pessoas rejubilando-se, dançando, cantando; pessoas que não querem competir com ninguém; pessoas que descartaram a própria idéia de que são especiais e têm de provar isso tornando-se o presidente da república; pessoas que não sofrem mais de complexo de inferioridade. Então ninguém quer ser superior, ninguém ostenta grandeza.

Os governos evaporarão como gotas de orvalho sob o sol da manhã. Mas essa é uma história totalmente diferente, um enfoque total-

Caminhos para a liberdade 97

mente diferente. Até que chegue esse momento, os governos são necessários.

É muito simples. Se você está doente, precisa de remédios. Um anarquista como Kropotkin quer destruir os remédios. Eu quero que você seja tão saudável que não precise de remédios. Você automaticamente os jogará fora — o que fará com todos esses remédios? Eles são absolutamente inúteis, na verdade, perigosos; a maioria dos remédios é veneno. Para que você continuará a acumulá-los? Veja a diferença na ênfase.

Eu não sou contra os remédios, sou contra a doença dos seres humanos que faz com que os remédios sejam necessários. Eu gostaria de ver um ser humano mais saudável — o que é possível com a engenharia genética —, um ser humano sem possibilidade de ficar doente porque nós o teríamos programado, desde o nascimento, de modo que ele simplesmente não possa adoecer, teríamos feito arranjos no seu corpo para que ele combata qualquer doença. Certamente a medicina desapareceria, as farmácias desapareceriam, os médicos desapareceriam, as faculdades de medicina fechariam as portas. Mas eu não sou contra eles! Essa será simplesmente uma conseqüência de uma humanidade saudável.

Eu quero um só mundo, uma só língua, uma só religiosidade, uma só humanidade — e, quando a humanidade tiver realmente amadurecido, um só governo.

O governo não é algo do qual possamos nos gabar. É um insulto. A existência dele é uma indicação de que você ainda é bárbaro, de que ainda não existe uma civilização; do contrário, para que seria preciso um governo para mandar em você?

Se todos os crimes desaparecerem, se todos os medos de que outras pessoas possam explorar você, assassinar você, desaparecerem, o que você fará com toda essa burocracia do governo? Você não pode deixar que ele continue, pois ele é um fardo para a economia da nação, um grande fardo, e vai ficar cada vez maior. As hierarquias têm a tendência de se tornar cada vez maiores pela simples razão de que ninguém quer trabalhar, todo mundo odeia trabalho. Portanto, todo mundo precisa de mais assistência; o trabalho está aumentando.

Você pode ver, em qualquer repartição pública, pilhas de pastas se acumulando sobre as escrivaninhas. A menos que você consiga subornar alguém, a sua pasta pode ficar em algum lugar daquela enorme pilha sem nunca chegar ao topo. E os burocratas adoram fazer pilhas de pastas; isso faz com que se sintam maiores, especiais. Eles têm poder sobre tantas pessoas! Na cabeça deles, todas essas pastas representam o poder que eles têm sobre as pessoas.

Eu sou um anarquista de uma categoria totalmente diferente daquela de todos os anarquistas que já existiram sobre a face da terra. Sou uma categoria composta de mim mesmo, pois o meu enfoque é completamente diferente. Não sou contra o governo, sou contra a necessidade de governo. Não sou contra os tribunais, sou contra a necessidade de tribunais.

Algum dia, em alguma época, vejo a possibilidade de o homem ser capaz de viver sem nenhum controle — religioso ou político —, pois ele será uma disciplina em si mesmo.

Há a história de um discípulo que vai ver o mestre e lhe pergunta se o homem é livre.

O mestre diz ao discípulo para se levantar e tirar um dos pés do chão. O discípulo, de pé sobre uma perna — com a outra no ar — fica mais confuso ainda. Então o mestre lhe pede para levantar o outro pé.

Caminhos para a liberdade

Osho, você pode falar sobre a diferença entre "liberdade para" e "liberdade de"?

ॐ

A "liberdade de" é comum, mundana. O homem sempre tenta se livrar das coisas. Ela não é criativa. É um aspecto negativo da liberdade. A "liberdade para" é criatividade. Você tem uma certa visão que gostaria que se materializasse e quer liberdade para fazer isso.

A "liberdade de" é sempre do passado e a "liberdade para" é sempre para o futuro.

A "liberdade para" é uma dimensão espiritual, pois você está avançando para o desconhecido e talvez, um dia, para o incognoscível. Ela lhe dará asas. A "liberdade de" pode, no máximo, tirar as suas algemas. Ela não é necessariamente benéfica — e toda a História é uma prova disso. As pessoas nunca pensaram numa segunda liberdade como na que eu estou insistindo; elas só pensaram na primeira — porque elas não têm a perspicácia de ver a segunda. A primeira é visível: correntes nos pés, algemas nas mãos. Elas querem se ver livres delas, mas e depois? O que vão fazer com as mãos? Você pode até se arrepender de ter pedido essa liberdade.

Aconteceu no castelo da Bastilha, na Revolução Francesa. Tratava-se da mais famosa prisão francesa, reservada apenas para aqueles que tinham sido condenados à prisão perpétua. Portanto, a pessoa entrava na Bastilha viva, mas nunca saía dali viva — só cadáveres saíam dali. E, quando colocavam no prisioneiro as algemas, as correntes, eles as fechavam e jogavam as chaves num poço dentro da Bastilha — porque elas não seriam mais necessárias. As fechaduras não seriam mais abertas, então para que serviriam as chaves? Havia mais de cinco mil pessoas nessa prisão. Para que guardar cinco mil chaves e mantê-las desnecessariamente? Depois que tivessem entrado nas suas celas escuras, elas ficariam ali para sempre.

100 LIBERDADE

Os revolucionários franceses achavam, é claro, que a primeira coisa que tinham de fazer era libertar as pessoas da Bastilha. Era desumano colocar uma pessoa, por qualquer ato que fosse, numa prisão, numa cela escura, só para esperar pela morte, que poderia demorar cinqüenta, sessenta anos. Sessenta anos de espera é uma tortura imensa para a alma. Não é uma punição, é uma vingança, uma revanche, pelo fato de essas pessoas terem desobedecido à lei. Não havia equilíbrio entre os seus atos e a punição.

Os revolucionários abriram as portas e arrancaram as pessoas das celas escuras. E ficaram surpresos. Aquelas pessoas não estavam preparadas para sair das celas.

É compreensível. Uma pessoa que viveu sessenta anos na escuridão — o sol era demais para ela. Ela não queria sair para a luz. Os seus olhos tinham ficado sensíveis demais. E sair para quê? Ela tinha 80 anos agora. Quando entrou tinha 20. Toda a sua vida fora passada na escuridão. Essa escuridão se tornara o seu lar.

E os revolucionários queriam que os prisioneiros fossem libertados. Quebraram as correntes, as algemas — porque não havia nenhuma chave. Mas os prisioneiros estavam muito resistentes. Não queriam sair da prisão. Diziam, "Vocês não entendem nossa situação. Um homem que ficou sessenta anos nessas condições, o que fará lá fora? Quem lhe dará comida? Aqui ele recebe comida e pode descansar numa cela escura e tranqüila. Ele sabe que está praticamente morto. Lá fora não será capaz de encontrar a esposa ou saber o que aconteceu a ela, os seus pais já terão morrido, os seus amigos já terão morrido ou podem ter se esquecido completamente dele. E ninguém lhe dará trabalho. Um homem que ficou sessenta anos sem trabalhar, quem lhe dará um emprego? — e um homem saído da Bastilha, onde ficavam os criminosos mais perigosos? — Basta mencionar a palavra Bastilha para que ninguém lhe dê emprego. Por que vocês querem nos obrigar? Onde iremos dormir? Não temos casa. Já quase nos esquecemos de onde morávamos — alguém já deve estar morando lá. Nossa casa,

Caminhos para a liberdade

nossa família, nossos amigos, todo o nosso mundo mudou demais em sessenta anos; não vamos conseguir. Não nos torturem mais. Já fomos torturados o bastante".

E o que eles estavam dizendo tinha lógica. Mas os revolucionários são uma gente teimosa; eles não ouvem. Obrigaram os homens a sair da Bastilha, mas, ao cair da noite, quase todos já tinham voltado. Eles diziam, "Dêem-nos comida, porque temos fome".

Uns poucos chegaram no meio da noite e disseram, "Devolvam as nossas correntes, porque não conseguimos dormir sem elas. Já faz cinqüenta, sessenta anos que dormimos algemados, com correntes nas pernas, na escuridão. Elas se tornaram parte do nosso corpo, não podemos dormir sem elas. Devolvam as nossas correntes — e queremos também as nossas celas. Éramos perfeitamente felizes. Não imponha sobre nós a revolução de vocês. Somos pessoas pobres. Vocês podem fazer a sua revolução em outro lugar".

Os revolucionários ficaram chocados. Mas esse episódio mostra que a "liberdade *de*" não é necessariamente uma bênção.

Você pode ver isso no mundo inteiro; países se libertaram do domínio do Império britânico, do Império espanhol, do Império português — mas a situação deles é muito pior do que na época em que eram escravos. Pelo menos estavam acostumados com a sua escravidão. Tinham aberto mão das suas ambições, tinham aceitado a situação em que estavam como obra do destino.

A liberdade da escravidão simplesmente provoca o caos.

Toda a minha família participou da luta em favor da libertação da Índia. Todos eles estiveram na prisão. Isso atrapalhou os seus estudos. Ninguém pôde se formar numa universidade porque foram pegos antes que pudessem passar nos exames — um ficou três anos na prisão, o outro ficou quatro anos. E aí ficou tarde demais para recomeçarem; tiveram de se tornar revolucionários *bona fide*. Na prisão, eles conheceram outros líderes da revolução; então toda a vida deles passou a ser dedicada à revolução.

Eu era pequeno, mas costumava discutir com o meu pai, com os meus tios, "Eu posso entender que a escravidão seja ruim, ela desumaniza vocês, humilha vocês, degrada vocês, tirando a sua dignidade como ser humano; é preciso que ela seja combatida. Mas, para mim, o que interessa é saber o que vocês farão quando forem livres. A 'liberdade de' está clara, eu não sou contra ela. O que eu quero saber e entender claramente é o que vocês vão fazer com a sua liberdade. Vocês sabem como viver na escravidão. Mas sabem como viver com liberdade? Vocês sabem que é preciso seguir uma certa ordem na escravidão; do contrário, serão esmagados, mortos, assassinados. Vocês sabem que, na liberdade, serão responsáveis por manter a ordem? Ninguém matará vocês e ninguém mais será responsável pela ordem — vocês terão de ser responsáveis por ela. Já perguntaram para os seus líderes para que serve essa liberdade?"

Eu nunca recebi uma resposta. Eles diziam, "Neste momento estamos ocupados demais tentando nos livrar da escravidão; nos preocuparemos com a liberdade mais tarde".

Eu dizia, "Essa não é uma atitude científica. Se vocês estão demolindo a casa antiga, se são inteligentes, deverão pelo menos preparar um projeto para a casa nova. O melhor seria que vocês preparassem a casa nova antes de demolir a antiga. Do contrário, ficarão sem casa e vão sofrer — porque é melhor ficar numa casa antiga do que sem casa nenhuma".

Na minha família, grandes líderes da revolução indiana costumavam ficar conosco — e esse sempre era o argumento que eu usava com eles. Eu nunca encontrei um único líder da revolução indiana que soubesse dizer o que eles fariam com a liberdade.

A liberdade chegou. Hindus e muçulmanos mataram uns aos outros aos milhões. Eles tinham sido impedidos de se matar pelas forças britânicas; as forças foram retiradas e houve tumultos em toda a Índia. A vida de todo mundo ficou em perigo. Cidades inteiras foram

Caminhos para a liberdade   *103*

incendiadas; trens inteiros foram incendiados e não deixavam que as pessoas saíssem dos trens em chamas.

Eu dizia, "Isso é estranho. Não aconteceu enquanto havia escravidão, está acontecendo agora que há liberdade — e a razão é, pura e simplesmente, que vocês não estavam preparados para a liberdade".

O país se dividiu em dois — eles nunca tinham pensado nisso. Em todo o país, só se via o caos e as pessoas que subiram ao poder tinham uma certa habilidade — eram hábeis em incendiar pontes, em incendiar prisões, em matar pessoas que escravizavam o país. Essa habilidade não tinha nada a ver com a construção de um país novo. Mas esses eram os líderes da revolução; naturalmente, eles subiram ao poder. Eles tinham lutado, tinham ganho e o poder lhes chegou às mãos. E ficou nas mãos erradas.

Não se deveria dar nenhum poder a um revolucionário — porque ele sabe sabotar, mas não sabe criar; ele só sabe destruir. Deveriam homenageá-lo, respeitá-lo, condecorá-lo e tudo mais, mas não deveriam dar poder a ele.

Será preciso encontrar pessoas que possam ser criativas — mas elas serão aquelas que não participaram da revolução.

Trata-se de um assunto muito delicado. Porque as pessoas criativas estão mais interessadas na sua criatividade, não estão interessadas em quem governa. Alguém tem de governar, mas, se são os britânicos ou indianos, pouco importa. Elas estão interessadas em canalizar a sua energia num trabalho criativo, então não fazem parte do rol dos revolucionários. Agora, os revolucionários também não deixarão que essas pessoas tomem o poder. Na verdade, elas são as renegadas. São pessoas que nunca participaram das revoluções; como dar poder a elas?

Portanto, ainda não houve uma revolução no mundo que não tenha fracassado e pela simples razão de que as pessoas que fazem a revolução têm um determinado tipo de habilidade e as pessoas que

104 LIBERDADE

constroem um país, que criam um país, que incutem responsabilidade no povo, pertencem a um grupo diferente. Elas não participam da destruição, da matança. Mas não conseguem subir ao poder. O poder vai para as mãos daqueles que participaram da luta. Por isso, naturalmente, toda revolução está intrinsecamente fadada a fracassar, a menos que o que estou dizendo fique claro.

A revolução se divide em duas partes, a "revolução de" e a "revolução para" — e é preciso que haja dois tipos de revolucionário: aqueles que se empenham pelo primeiro tipo de revolução — que é a "liberdade de" — e aqueles que entrarão em ação quando o trabalho do primeiro tipo de revolucionário tiver acabado, em prol da "liberdade para". Mas é difícil lidar com isso. Quem seria capaz? Todo mundo tem sede de poder. Quando os revolucionários saem vitoriosos, o poder é deles; eles não o passam para mais ninguém e o país vira um caos. Em todas as dimensões, ele decairá cada vez mais a cada dia que passa.

É por isso que eu não prego a revolução; eu prego a rebelião. A revolução é das massas; a rebelião é do indivíduo. O indivíduo muda a si mesmo. Ele não liga para a estrutura do poder; ele simplesmente trata de mudar o seu próprio ser, de dar à luz um novo homem dentro de si. E se o país inteiro for rebelde...

O que há de mais maravilhoso nisso é que, na rebelião, os dois tipos de revolucionário podem participar, pois, na rebelião, há muito para se destruir e muito para se criar. As coisas têm de ser destruídas para que se possa criar, então ela atrai os dois tipos — aqueles que estão interessados na destruição e aqueles que estão interessados na criatividade.

Não se trata de um fenômeno de massa. Trata-se da sua própria individualidade. E, se milhões de pessoas participarem da rebelião, então o poder dos países, das nações ficará nas mãos dessas pessoas — que são rebeldes. Só na rebelião pode ocorrer uma revolução; do contrário, a revolução tem uma personalidade dividida.

A rebelião é única, é uma só.

E lembre-se: na rebelião, a destrutividade e a criatividade andam de mãos dadas, apoiando uma à outra. Elas não são processos separados. Depois de separadas — quando elas estão na revolução —, a história se repete.

A história em questão não está completa. Trata-se de uma bela história mística. Um homem procura um mestre para perguntar até que ponto o homem é independente, livre. Ele é totalmente livre ou existe alguma limitação? Existe algo como o destino, a sorte, a sina, um Deus que cria uma limitação da qual não possamos nos libertar?

O místico responde à sua própria moda — não de forma lógica, mas existencial. Ele diz, "Levante-se".

O homem achou essa resposta meio idiota. "Estou fazendo uma pergunta simples e ele me pede para me levantar". Mas ele diz, "Vamos ver o que acontece". Ele se levanta.

E o místico diz, "Agora levante uma das pernas".

O homem, a essa altura, já estava achando que estava diante de um louco; o que aquilo tinha a ver com liberdade, independência? Mas agora que ele já estava ali... e devia haver uma multidão de discípulos, o mestre era tão respeitado! Não obedecê-lo seria desrespeitoso e não havia mal nenhum naquilo. Então ele levantou uma das pernas, ficando com um pé parado no ar e com o outro no chão.

E então o mestre disse, "Muito bem. Só mais uma coisa. Agora levante também o outro pé".

Isso é impossível! O homem disse, "Você está me pedindo algo impossível. O meu pé direito já está levantado. Não posso levantar o esquerdo também".

O mestre disse, "Mas você está livre. No início você podia ter levantado o pé esquerdo. Não havia nada que o obrigasse a levantar o direito. Você estava completamente livre para escolher se queria levantar o pé esquerdo ou o pé direito. Eu não disse nada sobre isso,

106 LIBERDADE

você decidiu. Você levantou o direito. Ao tomar essa decisão você fez com que ficasse impossível levantar o pé esquerdo. Não se preocupe com o destino, com a sorte, com Deus. Simplesmente pense em coisas simples".

Qualquer ação que você empreenda impede você de empreender outra que vá contra a primeira. Então toda ação é uma limitação. Na história isso fica claro. Na vida não é tão claro, pois você não pode ver um pé no chão e o outro erguido. Mas cada ato, cada decisão é uma limitação.

Você é totalmente livre antes de decidir, mas depois que tomou a sua decisão, fez a sua escolha, cria uma limitação. Ninguém está impondo a decisão; trata-se da natureza das coisas — você não pode fazer coisas contraditórias ao mesmo tempo. E é bom que não possa; do contrário, você viveria num caos. Seria um imenso caos se você pudesse fazer coisas contraditórias ao mesmo tempo. Você ficaria louco. Essa é simplesmente uma medida de segurança existencial.

Basicamente, você é totalmente livre para escolher, mas depois que escolheu, a sua própria escolha cria uma limitação.

Se você quer se manter totalmente livre, não escolha. É aí que entra o ensinamento da consciência que não escolhe. Porque, no momento em que você escolhe, você perde a sua liberdade plena e fica só com uma parte dela. Mas se você se mantém sem escolha, a sua liberdade continua sendo completa.

Só existe uma coisa que é totalmente livre: a consciência que não escolhe. Tudo o mais é limitado.

Você ama uma mulher — ela é linda, mas extremamente pobre. Você adora a riqueza — existe uma outra mulher que é muito rica, mas é feia, horrorosa. Agora você tem de escolher. E não importa o que escolher, você sofrerá. Se escolher a jovem bonita, ela é pobre e você ficará arrependido de ter perdido toda aquela riqueza desnecessariamente — porque a beleza, depois de alguns dias de convívio, per-

Caminhos para a liberdade

de o valor, você nem a percebe. E o que você fará com a beleza? Não pode comprar um carro com ela, comprar uma casa, comprar coisa nenhuma. Agora está feito — o que vai fazer? Então a sua mente começa a achar que fez a escolha errada.

Mas, se você escolher a mulher feia, horrorosa, você terá tudo o que o dinheiro pode comprar: um palácio, empregados, todo tipo de engenhoca, mas terá que tolerar essa mulher — não só tolerá-la, mas dizer "Eu amo você". E não pode nem sequer odiá-la, embora seja horrorosa. Até para odiar a pessoa precisa de alguém que não seja horroroso, porque o ódio é um relacionamento. E você mal consegue aproveitar esses carros e o palácio e o jardim, porque o rosto repulsivo dessa mulher seguirá você por onde for. E ela sabe que você não se casou com ela, mas sim com a riqueza que ela tem, então ela o tratará como um criado, não como um amante. E é verdade: você não a ama. Então você começará a achar que estaria melhor se tivesse uma casa humilde, comida comum — pelo menos a mulher era bonita, você teria apreciado a companhia dela. Você foi um idiota ao escolher isso.

Seja o que for que escolha, você ficará arrependido, pois a outra opção continuará assombrando você.

Se a pessoa precisa de liberdade absoluta, então a consciência que não escolhe é a única saída.

E quando eu digo que, em vez da revolução, opte pela rebelião, estou aproximando você de um todo completo. Na revolução, você fatalmente ficará dividido: querendo se livrar *de* algo ou lutando *por* algo. Você não pode ter ambas as coisas porque elas exigem habilidades diferentes. Mas, na rebelião, as duas qualidades se combinam.

Quando um escultor faz uma estátua, ele está fazendo as duas coisas; está cortando a pedra — destruindo a pedra, como ela era — e está, ao destruí-la, criando uma bela estátua que não existia antes. A destruição e a criação caminham juntas, elas não estão divididas.

108 LIBERDADE

Rebelião é totalidade.

Revolução é meio a meio — e esse é o perigo da revolução. A palavra é bela, mas ao longo dos séculos ela foi associada a uma mente dividida. E eu sou contra qualquer tipo de divisão, porque ela leva você a ficar esquizofrênico.

Todos os países que se livraram da escravidão estão entrando numa agonia que é inconcebível. Eles nunca haviam sentido essa agonia quando eram escravos, e foram escravos por trezentos anos, quatrocentos anos. Em trezentos, quatrocentos anos, eles nunca se depararam com uma agonia como essa; e em poucas décadas passaram a viver num inferno que os leva a pensar: "Por que lutamos tanto pela liberdade? Se isso é liberdade, então a escravidão era muito melhor". A escravidão nunca é melhor. Acontece apenas que essas pessoas não percebem que escolheram metade da liberdade.

A outra metade pode ser conquistada, mas não pelas mesmas pessoas que fizeram a revolução. A outra metade precisará de um tipo totalmente diferente de inteligência, de sabedoria. E não serão as pessoas que matarão, jogarão bombas, incendiarão trens, delegacias e correios — não serão essas pessoas.

Na minha família, só o meu avô não concordava com a idéia de mandar os meus tios para a universidade. Foi o meu pai que conseguiu fazer com que eles fossem. O meu avô dizia, "Você não sabe. Eu conheço esses garotos. Você os mandará para a universidade e eles acabarão na cadeia — esse é o clima que impera".

A maior parte da revolução foi feita por estudantes, por gente jovem. Eles não sabiam nada sobre a vida — não tinham experiência nenhuma —, mas tinham energia, tinham vitalidade; eram jovens e tinham essa idéia romântica de ser livre. Eles faziam tudo — fabricavam bombas, atiravam as bombas e matavam burocratas e políticos. Faziam tudo. E, quando saíram da prisão, descobriram de repente que tinham todo o poder nas mãos e nenhuma habilidade para usá-lo.

Caminhos para a liberdade

Também não tinham inteligência — o que fazer com o poder? Eles fingiram. Ficaram eufóricos, e o país também ficou eufórico por algum tempo — agora é o nosso próprio povo que está no poder! —, mas logo começaram a brigar entre si.

A revolução tem esse defeito — e eu acho que sempre terá: um tipo de gente a faz e o poder vai para as mãos dessas pessoas... e a sede por poder é simplesmente humana. Essas pessoas não vão querer passá-lo para mais ninguém. Mas isso é justamente o que deveriam fazer. É preciso descobrir, então, quem é suficientemente sábio — criativo, inteligente — para ajudar o país de todas as maneiras possíveis, trazendo novas tecnologias, novos métodos de plantio; quem pode introduzir novas indústrias no país; quem pode abrir as portas do país para o mundo todo injetar o seu dinheiro ali.

Mas na Índia aconteceu justamente o contrário. O país começou a decair dia após dia, deteriorou-se. Continuou a se deteriorar e ninguém mostrou o simples fato de que o poder estava nas mãos das pessoas erradas.

Aos revolucionários conceda apenas homenagens, conceda-lhes troféus, conceda-lhes prêmios, grandes diplomas escritos em letras douradas, que eles possam pendurar na parede de casa, mas não lhes dê poder.

Ao ver a situação desastrosa criada por todas as revoluções, comecei a pensar na rebelião — que é individual. E o indivíduo pode ser capaz de sintetizar as forças destrutivas e criativas na sua consciência que não escolhe.

Se muitas pessoas iniciarem essa rebelião — que não é contra ninguém, só é contra o próprio condicionamento — e fizerem com que um novo ser humano nasça dentro delas, então o problema não fica difícil.

A revolução precisa se tornar coisa do passado.

LIBERDADE

Você acha que, brigando e lutando, você será capaz de transformar o mundo e a situação em que ele está? Isso só fará com que você fique igual às pessoas com quem você está brigando e lutando; essa é uma das leis básicas da vida. Escolha os seus inimigos com muito cuidado! Os amigos, você pode escolher sem muita cautela. Não há necessidade de se preocupar com os amigos, pois os amigos não o influenciam tanto, não causam tanta impressão quanto os inimigos. Ao combatê-los, vocês terão de usar as mesmas estratégias, as mesmas táticas. E vocês terão de usar essas estratégias e táticas durante anos e anos; elas os condicionarão. Foi isso o que aconteceu ao longo das eras.

Joseph Stalin provou ser o mais perigoso czar de todos os czares que um dia governaram a Rússia antes de o comunismo ser instaurado. Por quê? Porque ele aprendeu as estratégias com os czares. Ao combater os czares, ele teve de aprender as artimanhas e os expedientes que eles usavam. A vida inteira passada em combate, praticando a violência — na época em que Joseph Stalin subiu ao poder ele era um czar, muito mais perigoso, obviamente, porque havia derrotado os czares. Ele tinha de ser muito mais esperto, muito mais violento, muito mais ambicioso, muito mais maquiavélico. Do contrário, teria sido impossível vencer os czares.

E ele fez a mesma coisa numa escala muito maior: derrotou todos os czares! Todos os czares juntos nunca tinham sido responsáveis por tanta violência, por tantos assassinatos quando Joseph Stalin foi sozinho. Ele tinha aprendido a lição tão bem que suspeitava-se que o líder da revolução, Lênin, tivesse sido envenenado por Stalin. Lênin estava doente e, em nome da medicina, ele foi envenenado lentamente, até morrer. Se Lênin tivesse sobrevivido, então Joseph Stalin teria sido o homem número três, pois havia outro homem, Leon Trotsky, que era o número dois. Então, a primeira coisa a fazer era acabar com Lênin — ele matou Lênin — e a segunda era matar Trotsky — ele matou Trotsky. Aí ele subiu ao poder e, depois que estava no poder, começou a matar todo mundo. Todos os membros do Politburo, os líderes comunistas de posição mais elevada, foram mortos por Stalin, um a um. Como todos eles conheciam as estratégias, eles precisavam ser eliminados.

Isso aconteceu em todas as revoluções do mundo.

Esse mundo é muito belo, mas está nas mãos erradas — mas quando eu digo isso, não quero dizer que você tenha de começar a combater essas mãos erradas. O que eu quero dizer é: por favor, que não sejam *suas* essas mãos erradas, só isso.

Eu não prego revoluções, eu prego a rebelião, e a diferença é grande. A revolução é política, a rebelião é religiosa. A revolução precisa que você se organize num partido, num exército, e lute contra os inimigos. Rebelião significa que você se rebelou como indivíduo; você simplesmente não segue mais com o rebanho. Pelo menos você não destrói a natureza.

E se mais e mais pessoas se tornarem dissidentes, o mundo pode ser salvo. Essa será a verdadeira revolução, não-política; ela será espiritual. Se mais e mais pessoas descartarem a velha mentalidade e os seus costumes, se mais e mais pessoas tornarem-se amorosas, se mais e mais pessoas deixarem de ser ambiciosas, se mais e mais pessoas deixarem de ter ganância, se mais e mais pessoas deixarem de se interessar pela política do poder, por prestígio, por respeitabilidade... Se mais e mais pessoas começarem a deixar de lado o velho jogo podre e viver a vida por si mesmas... Não se trata de uma luta contra o velho, mas de simplesmente se livrar das garras do velho — e esse é o único jeito de enfraquecê-lo, é o único jeito de destruí-lo.

Se milhares de pessoas simplesmente saírem das mãos dos políticos, os políticos perecerão por si só. Você não pode lutar contra eles. Se lutar, você se torna um deles. Se lutar contra eles, você ficará ganancioso, ambicioso; isso não vai adiantar nada.

112 LIBERDADE

Seja um dissidente. E a sua vida é curta: pode ser que você viva cinqüenta anos, sessenta anos, setenta anos — não dá para alimentar a esperança de que você consiga transformar o mundo, mas você pode alimentar a esperança de que ainda possa aproveitar e amar este mundo.

Aproveite a oportunidade desta sua vida para celebrar tanto quanto possível. Não a desperdice brigando e lutando.

Estou tentando criar uma força política? Não, absolutamente. Todas as revoluções políticas foram um fracasso tão grande que só os cegos ainda acreditam nelas. Aqueles que têm olhos tendem a ensinar a você algo novo. Isso é novo. Já foi feito antes, mas não em larga escala. Vocês têm de fazer isso numa escala imensa — milhões de pessoas têm de se tornar dissidentes! Por dissidente não quero dizer que você tenha de abandonar a sociedade e ir para as montanhas. Você continua a viver em sociedade, mas deixa de lado a ambição, deixa de lado a ganância, deixa de lado o ódio. Você vive em sociedade e é amoroso, vive em sociedade como um joão-ninguém. Aí você pode aproveitar a vida e celebrar. E celebrando e aproveitando a vida, você provocará marolas de êxtase que atingirão outras pessoas.

Você pode mudar o mundo inteiro, mas não por meio da luta — não desta vez. Agora chega! Temos de mudar este mundo celebrando, dançando, cantando, com música, com meditação, com amor. Não com luta.

O velho certamente tem de acabar para que o novo possa surgir, mas, por favor, não me interprete mal. É claro que o velho tem de acabar — mas o velho está dentro de você, não fora. Não estou falando da velha estrutura da sociedade; estou falando que a velha estrutura da sua mente tem de ser eliminada para que a nova surja. E uma única pessoa que descarte essa velha estrutura mental cria um espaço tão grande para que muitos transformem a própria vida que se trata de algo inacreditável, inimaginável, inominável. Uma única pessoa que

Caminhos para a liberdade   *113*

transforme a si mesma passa a ser um fator desencadeante; muitas outras pessoas começam a mudar. A sua presença torna-se um agente catalisador.

Essa é a rebelião que eu prego; você descarta a velha estrutura, descarta a velha ganância, descarta o velho idealismo. Torna-se uma pessoa silenciosa, meditativa, amorosa. Fique um tempo dançando e você verá o que acontece. Alguém, mais cedo ou mais tarde, começará a acompanhá-lo na dança e dali a pouco mais e mais pessoas farão o mesmo.

Eu não prego nada que seja político. Sou totalmente contra a política. Sim, o velho tem de acabar para que o novo surja — mas o velho tem de acabar *dentro de você*, daí o novo surgirá. E depois que o novo está dentro de você, ele passa a ser contagioso; ele começa a se espalhar pelas outras pessoas.

A alegria é contagiante! Ria e você verá as outras pessoas começarem a rir. O mesmo acontece com a tristeza: fique triste e alguém que veja a sua cara triste acabará ficando triste. Não estamos separados, estamos unidos uns aos outros, por isso, quando o coração de alguém começa a rir, muitos outros corações são tocados — às vezes até mesmo corações distantes. Vocês vieram de lugares distantes; de algum modo minha risada chegou até vocês, o meu amor chegou até vocês. De algum modo, de alguma forma misteriosa, o meu ser tocou o seu ser e vocês chegaram aqui, apesar de todas as dificuldades.

Mas eu não estou ensinando vocês a lutarem contra nada. Sempre que luta contra algo, você vira um reacionário — porque se trata de uma reação. Você fica obcecado com alguma coisa, fica contra ela, e o mais provável é que essa coisa contra a qual você luta dominará você — talvez de um modo negativo, mas ela dominará você.

Friedrich Nietzsche era extremamente contra Jesus Cristo. Mas, segundo minha própria análise de Friedrich Nietzsche, Jesus Cristo o impressionava muito, justamente porque era contra ele. Nietzsche era

114 LIBERDADE

obcecado; ele estava, na verdade, tentando se tornar Jesus Cristo por direito próprio. O seu grande livro, *Assim Falou Zaratustra*, é um esforço para criar um novo evangelho. A linguagem que ele usa, as metáforas que usa, a poesia que usa certamente lembram as de Jesus Cristo, e Nietzsche era extremamente contra Jesus. Ele nunca perdia uma oportunidade — se pudesse condenar Jesus, ele não pensava duas vezes. Mas ele mencionava Jesus várias e várias vezes. Ele era obcecado. Quando ficou louco, na última etapa da vida, ele começou até a assinar as suas cartas como o "Anticristo Friedrich Nietzsche". Ele não conseguiu esquecer Jesus nem mesmo quando ficou louco. Primeiro ele escrevia "Anticristo" e depois assinava o nome dele. Você podia ver a obsessão, a profunda inveja de Jesus que o dominou durante toda a vida. Isso acabou com a sua imensa criatividade. Ele podia ter sido um rebelde, mas contentou-se em ser um reacionário. Ele podia ter trazido algo novo ao mundo, mas não trouxe. Continuou sendo obcecado por Jesus.

Não sou contra nada nem ninguém. Não quero que você seja livre *de* alguma coisa, quero simplesmente que você seja livre. Veja a diferença: a "liberdade de" nunca é completa; esse "de" o mantém preso ao passado. A "liberdade de" nunca é liberdade de verdade.

OBSTÁCULOS E SUGESTÕES PARA SUPERÁ-LOS

RESPOSTAS A PERGUNTAS

Existem muitos tipos de liberdade — a social, a política, a econô-mica —, mas elas são apenas superficiais. A verdadeira liberdade tem uma dimensão totalmente diferente. Ela não diz respeito ao mundo exterior, nada disso; ela emerge da nossa interioridade. Trata-se da liberdade com relação ao condicionamento, a todos os tipos de condicionamento, às ideologias religiosas, às filosofias políticas. Todos eles têm sido impostos por outras pessoas sobre você, têm agrilhoado você, acorrentado você, aprisionado você, têm feito de você espiritualmente um escravo.

A meditação nada mais é do que destruir todos esses grilhões, condicionamentos, a destruição de todas as prisões, de modo que você possa ficar novamente sob o céu, sob as estrelas, ao ar livre, disponível para a existência.

No momento em que você está disponível para a existência, a existência fica disponível para você. E o encontro dessas duas disponibilidades é o ponto culminante da bem-aventurança. Mas ela só pode acontecer quando há liberdade. A liberdade é o valor mais elevado; não há nada mais elevado do que ela.

116 LIBERDADE

Por um lado, você está sugerindo que precisamos ter toda liberdade para fazer tudo o que quisermos e, por outro, está dizendo que temos de ter responsabilidade. Com a responsabilidade, eu não posso usar a palavra "liberdade" como quero. Quando eu compreendo o que você está dizendo, sinto-me grato. Mas, na maioria das vezes, eu percebo que preferiria pensar na liberdade como um desregramento total.

∽∾

Trata-se de uma das questões perenes da humanidade: a questão da liberdade e da responsabilidade. Se você é livre, você interpreta isso como se agora não houvesse mais responsabilidade. Há apenas cem anos, Friedrich Nietzsche declarou: "Deus está morto e o homem está livre". E a sentença seguinte que ele escreveu foi: "Agora você pode fazer tudo o que quiser. Não há mais responsabilidade. Deus está morto, o homem está livre, e não existe mais responsabilidade". Nisso ele estava redondamente enganado; quando não existe nenhum Deus, há uma tremenda responsabilidade sobre os seus ombros. Se existir um Deus, ele pode dividir com você a responsabilidade. Você pode jogar a responsabilidade nas costas Dele; você pode dizer, "Foi você quem fez o mundo; você quem me fez assim; é você, no final das contas, o responsável, não eu. Como eu poderia ser, em última análise, o responsável? Eu sou só a criatura e você é o criador. Por que você pôs sementes de corrupção e sementes de pecado em mim, desde o início? Você é responsável. Eu estou livre". Na verdade, se não existe Deus nenhum, então o homem é totalmente responsável pelos seus atos, porque não há como jogar a responsabilidade em mais ninguém.

Quando eu lhe digo que você é livre, quero dizer que você é responsável. Você não pode jogar a responsabilidade sobre as costas de

Obstáculos e sugestões para superá-los   *117*

mais ninguém, você está sozinho. E seja lá o que faça, é obra sua. Você não pode dizer que alguém está obrigando-o a fazer tal coisa — porque você é livre; ninguém pode obrigar você! Como você é livre, fazer ou não fazer algo é escolha sua. Com a liberdade vem a responsabilidade. Liberdade é responsabilidade. Mas a mente é muito arguta, a mente interpreta à sua própria moda: ela sempre continua ouvindo o que quer ouvir. Continua a interpretar as coisas do jeito dela. A mente nunca tenta entender o que é realmente verdade. Ela já tomou essa decisão.

Eu ouvi...

"Sou um homem responsável, doutor, mas ultimamente a vida tem ficado insuportável, por causa dos meus sentimentos de culpa e de auto-recriminação."

Mostrando sofrimento, o paciente continuou, "Veja só, há pouco tempo comecei a sentir um impulso incontrolável de beliscar e afagar garotas no metrô".

"Ó céus", lamentou o psiquiatra em tom consolador. "Nós certamente o ajudaremos a se livrar desse impulso lastimável. Eu posso ver o quanto está angustiado..."

O paciente o interrompeu preocupado, "Não é tanto desse impulso que quero me livrar, doutor, é da culpa!"

As pessoas continuam falando de liberdade, mas elas não querem liberdade exatamente, querem irresponsabilidade. Elas clamam por liberdade, mas lá no fundo, inconscientemente, elas clamam por irresponsabilidade, licenciosidade.

Liberdade é maturidade; a licenciosidade é muito infantil. A liberdade só é possível quando você está tão integrado que pode assumir a responsabilidade por ser livre. O mundo não é livre porque as pessoas não são maduras. Os revolucionários têm feito muitas coisas ao longo dos séculos, mas nada deu certo. Os utopistas têm pensado continuamente em como tornar o homem livre, mas ninguém se preocupa — porque o homem não pode ser livre enquanto não estiver integrado. Só um Buda pode ser livre, só um Mahavira pode ser livre, um Cristo, um Maomé pode ser livre, um Zaratustra pode ser livre, porque liberdade significa que o homem está consciente. Se você não está consciente, então o Estado é necessário, o governo é necessário, a polícia é necessária, o tribunal é necessário. Então a liberdade tem de ser eliminada de todos os lugares. Ela passa a existir só no nome; na verdade, ela não existe. Como a liberdade pode existir enquanto existem governos? — é impossível. Mas o que fazer?

Se o governo desaparecer, haverá simplesmente anarquia. A liberdade não passará a existir se os governos desaparecerem, haverá simplesmente anarquia. Será um estado pior do que o que temos agora. Será uma loucura completa. A polícia é necessária porque você não está alerta. Do contrário, para que ter um policial nos cruzamentos? Se as pessoas estivessem alertas, o policial poderia ser tirado de lá, teria de ser tirado, porque seria desnecessário. Mas as pessoas não estão conscientes.

Então, quando eu digo "liberdade", quero dizer responsabilidade. Quanto mais responsável você fica, mais livre você é; ou quanto mais livre você é, mais responsabilidade você assume. Então você precisa ficar muito alerta com relação ao que está fazendo, ao que está dizendo. Mesmo com relação aos seus pequenos gestos inconscientes você precisa ficar alerta — porque não há ninguém controlando você, só você mesmo. Quando eu lhe digo que você é livre, quero dizer que você é um deus. Não se trata de desregramento, trata-se de uma enorme disciplina.

Obstáculos e sugestões para superá-los   *119*

Durante quarenta e cinco anos, eu vivi numa prisão, na maior parte das vezes criada por mim mesma. Agora eu sei que é possível ser cada vez mais livre. Mas o que fazer se eu tenho necessidade de um lugar seguro, um bom clima para crescer? Criar outra prisão? Como ser livre em qualquer lugar, em qualquer momento? Sinto pesar e rebelião em mim com respeito a isso.

❧

A liberdade não tem nada a ver com o exterior; a pessoa pode ser livre mesmo numa prisão real. A liberdade é algo interior; ela vem da consciência. Você pode ser livre em qualquer lugar — acorrentada, numa prisão, você pode ser livre — e pode não ser livre fora da prisão, na sua própria casa, aparentemente livre por completo, mas você será uma prisioneira se a sua consciência não estiver livre.

Você está confundindo liberdade exterior com liberdade interior. No que diz respeito ao exterior, você talvez nunca seja absolutamente livre — deixe-me deixar claro de uma vez por todas. No que diz respeito ao exterior, você não está sozinha, então como pode ser absolutamente livre? Existem milhões de pessoas à sua volta. Aqui fora, a vida tem de ser um acordo. Se estivesse sozinha na terra, você seria absolutamente livre, mas você não está sozinha.

Na estrada, você tem de ficar à direita. E uma pessoa que questiona sentirá isso como um grande cativeiro: Por quê? Por que sou obrigada a ficar à esquerda? Eu sou uma mulher livre! Se eu quiser andar à esquerda, eu andarei à esquerda. Se eu quiser andar no meio da rua, eu andarei no meio da rua". Na Índia, você pode fazer isso — a Índia é um país livre, lembre-se! É a maior democracia do mundo, à direita, à esquerda, no meio, você pode andar onde quiser!

Mas a liberdade de um indivíduo passa a ser um problema para muitas pessoas. Você é livre para ser você mesmo, mas não pode ser uma interferência na vida das outras pessoas.

120 LIBERDADE

Um homem de entendimento respeitará a liberdade dele até o ponto em que possa respeitar a liberdade dos outros, porque, se ninguém respeitar a sua liberdade, essa liberdade vai acabar. Trata-se de um entendimento mútuo: "Eu respeito a sua liberdade e você respeita a minha, assim nós dois seremos livres". Mas é um acordo. Eu não vou interferir no seu ser, não sou livre para invadir você.

Você quer cantar alto no meio da noite. É claro que você é uma pessoa livre e, se não pode cantar alto na sua própria casa, que tipo de liberdade é essa? Mas os vizinhos têm de dormir também; então tem de haver um acordo.

Lá fora, somos interdependentes. Ninguém pode ser absolutamente independente. A vida é uma interdependência. Não só com relação às pessoas você é interdependente, você é interdependente com relação a tudo. Se cortarem todas as árvores, você morrerá porque elas estão constantemente suprindo a atmosfera com oxigênio. Você depende delas — e elas dependem de você, porque você está fornecendo gás carbônico constantemente a elas. Nós respiramos oxigênio e expiramos gás carbônico; as árvores fazem justamente o contrário, elas lançam oxigênio no ar e absorvem gás carbônico.

Então, quando as pessoas estão fumando, as árvores devem ficar extremamente felizes, pois mais gás carbônico é produzido para elas! Escutem o que digo, essas árvores devem ficar muito tristes quando digo a vocês para irem à causa básica, pois ninguém mais fumará. Isso significa que as árvores não terão tanto gás carbônico quanto tinham antes!

Somos interdependentes, não só com relação às árvores — também com relação ao sol, à lua, às estrelas. Tudo vive em interdependência. Aproveite essa interdependência. Não a chame de cativeiro. Não se trata de dependência, mas de *inter*dependência. Você depende dos outros e os outros dependem de você. É uma fraternidade, um relacionamento. Até a menor folha de grama está relacionada à maior das estrelas.

Obstáculos e sugestões para superá-los   *121*

Mas, no mundo interior, no reino interior, você pode ser absolutamente livre. Então toda a questão gira em torno do interior. Você não se sentirá triste e rebelde; não é preciso. Entenda que a interdependência exterior é uma necessidade, é inevitável; nada pode ser feito a respeito disso. É uma parte de como as coisas são. Aceite. Quando nada se pode fazer, a aceitação é a única saída. E aceite com alegria, não com resignação. Aceite! Este é o nosso universo; somos parte dele. Não somos ilhas. Fazemos todos parte do continente. Não somos egos.

A sua idéia de liberdade está de algum modo arraigada à idéia de ego. Nós não somos egos. O ego é uma falsa identidade — porque não estamos separados, como podemos ter egos? Isso só funciona no que diz respeito à linguagem; é prático usar a palavra "eu", mas ela não tem nenhuma substância. É pura sombra, é totalmente vazia. Uma palavra útil, prática, mas não é real.

Mas a liberdade interior *é* possível. Ela acontece quando você mergulha cada vez mais fundo na consciência. Observe o seu corpo, observe os seus processos de pensamento. Observe, testemunhe todo o processo dos seus pensamentos. E devagar você verá que você não é nem a raiva nem a ganância, nem é nem hindu nem muçulmana nem cristã, nem católica nem comunista. Aos poucos você percebe que você não é nenhum pensamento — você não é a mente coisa nenhuma. Você é pura testemunha. A experiência do testemunho puro é a experiência da liberdade completa, mas trata-se de um fenômeno interior. E a pessoa que, interiormente, está totalmente livre não anseia por ser exteriormente livre. Essa pessoa é capaz de aceitar a natureza como ela é.

Crie a liberdade interior por meio do testemunho e viva o resto dos seus dias em liberdade interior; aí você conseguirá ver a interdependência do lado de fora. Ela é bela e é uma bênção. Não há por que se rebelar contra ela. Relaxe dentro dela, renda-se a ela. E lembre-se, só uma pessoa absolutamente livre pode se render.

LIBERDADE

∾∾

A palavra "rebelar-se" não implica brigar contra alguma coisa? A própria palavra vem do latim, *rebellare*, combater. Quando fala do rebelde, você fala num sentido positivo. Você está mudando o significado da palavra?

∾∾

Não estou mudando o significado da palavra; estou deixando-o completo. O sentido que atribuíram a ela é parcial... é só negativo; e nenhum negativo pode existir sem um positivo. É verdade, a palavra "rebelar-se" vem do latim, *rebellare*, combater. Mas esse é só metade do significado; a outra metade se perdeu há séculos, desde o princípio. Ninguém se deu ao trabalho de completar o significado da palavra. Combater é só a parte inicial. Mas combater o quê?

E isso não acontece só com a palavra "rebelar-se", mas com muitas palavras. "Liberdade" também só tem uma conotação negativa na cabeça das pessoas — "liberdade de". Mas ninguém pergunta sobre a "liberdade para". A "liberdade de" é uma parte essencial, mas é só negativa. A menos que você tenha um objetivo positivo, a sua "liberdade de" não tem sentido. Você também deveria saber com clareza pelo que está lutando: qual é o objetivo da liberdade?

As palavras "rebelar-se" e "rebelião" têm sido condenadas. E essa é parte da condenação — o fato de os lingüistas terem atribuído a elas, nos dicionários, apenas o significado negativo. Ninguém levantou a questão, "Rebelião para quê?" — pergunta que deveria ser extremamente importante. Para mim, a parte negativa é só o começo, mas não o fim. A parte positiva é o fim e ela completa todo o círculo.

Você se rebela contra aquilo que está morto e se rebela em favor daquilo que está vivo. Você se rebela contra superstições e se rebela em favor da verdade. Do contrário, que necessidade haveria de você se rebelar contra as superstições? Toda rebelião é incompleta e fútil se for apenas negativa. Só o positivo dá a ela sentido, significado.

Obstáculos e sugestões para superá-los   *123*

E lembre-se sempre com respeito a todas as palavras — se a sociedade só mantém o sentido negativo, isso significa que ela é contra essas palavras. Ela não só é contra a rebelião de verdade, mas é contra a palavra rebelião; deu a ela um matiz que é negativo. O fato de atribuir um matiz positivo, uma beleza positiva, representará um apoio a ela.

Eu não estou mudando o significado da palavra, estou simplesmente completando-o; ela já ficou incompleta por tempo demais. Ela precisa ser completada, precisa do toque final, de modo que possa recuperar a beleza que lhe tiraram.

A sociedade é muito sagaz com respeito a todas as áreas da vida — às palavras, à língua, ela manipula tudo de modo a apoiar o sistema. Até a língua precisa ser libertada das correntes às quais a prenderam no passado. Palavras belas como "rebelar-se", "revolução", "liberdade", todas elas têm de ser redimidas da negatividade pura. E a única saída é fazer do positivo o centro do mundo; o negativo será apenas uma preparação para o positivo. Você prepara o terreno para cultivar o jardim; arranca as ervas daninhas, arranca as folhas e raízes desnecessárias das plantas que crescem ali — essa é a parte negativa.

Mas só arrancar as ervas daninhas, as plantas e as raízes e limpar o terreno não é suficiente para fazer um jardim. É necessário, mas não o suficiente. Você terá de plantar rosas também; que é a parte positiva. Você terá de plantar lindas flores, lindas árvores. A parte negativa é só uma preparação para que algo positivo aconteça.

❧

Tenho sentido uma grande sensação de liberdade ao longo dos anos por não me sentir mais aprisionado a uma nacionalidade ou lugar, ou à minha história pessoal. Mas também há um sentimento de tristeza misturado a essa liberdade. Que tristeza é essa?

❧

A liberdade tem dois lados e, se você tem só um lado dela, um único lado, você sente uma liberdade misturada com tristeza. Então você tem de entender toda a psicologia da liberdade.

LIBERDADE

O primeiro lado é a "liberdade de": da nacionalidade, de uma certa igreja, de uma certa raça, de uma certa ideologia política. Essa é a primeira parte da liberdade, o alicerce da liberdade. Ela é sempre "de" alguma coisa. Depois de conquistada essa liberdade, você se sentirá muito leve, muito bem e muito feliz. E pela primeira vez você começará a se deliciar com a sua individualidade. Pois a sua individualidade estava encoberta com todas aquelas coisas das quais se libertou.

Mas isso é só metade — e então virá a tristeza, porque a outra metade está faltando. A "liberdade de" foi satisfeita, mas liberdade para quê? A liberdade por si só não tem sentido, a menos que ela seja liberdade para alguma coisa, para algo criativo — liberdade para esculpir, liberdade para dançar, liberdade para criar música, poesia, pinturas. A menos que a sua liberdade transforme-se numa realização criativa, você sentirá tristeza. Porque você verá que é livre — as suas correntes estão quebradas, você não tem mais algemas, não tem mais nenhuma corrente, não tem mais nenhuma prisão, está em pé sob um céu estrelado, completamente livre. Mas para onde vai?

Então brota uma tristeza repentina. Que caminho escolher? Até o momento não havia essa questão de ir a algum lugar — você estava aprisionado. Toda a sua consciência estava concentrada em como ficar livre, toda a sua preocupação era ficar livre. Agora que você está livre, um novo tipo de problema tem de ser confrontado. O que fazer agora que você é livre?

Só a liberdade em si não significa nada, se você não escolher um caminho criativo. Ou você mergulha na meditação para chegar à auto-realização ou, se tiver algum tipo de talento que não podia desenvolver por causa dos seus grilhões... Você não podia compor música porque as suas mãos estavam acorrentadas, não podia dançar porque os seus pés estavam acorrentados — se você tem um talento para ser dançarino, então seja dançarino. Aí a sua liberdade será completa, aí o círculo estará completo.

Obstáculos e sugestões para superá-los   *125*

"Liberdade de" e "liberdade para" — trata-se de um dilema que tem de ser enfrentado por todo mundo que luta pela primeira vez pela liberdade e então, de repente, descobre, "Agora que eu sou livre, o que vou fazer?" Até o momento, ele estava tão ocupado, tão envolvido, tão atarefado! Até nos seus sonhos ele só pensava na liberdade. E nunca pensava a respeito do que faria quando a conseguisse.

Mas é preciso mais uma coisa. Você tem de se tornar um criador. Tem de encontrar alguma criatividade que preencha a sua liberdade, do contrário a liberdade é vazia. Você precisa ou criar algo ou descobrir algo. Ou trazer o seu potencial para a realidade ou voltar-se para dentro e descobrir a si mesmo, mas fazer alguma coisa com a sua liberdade. A liberdade é só uma oportunidade para você. Não é o objetivo em si. Ela simplesmente dá a você toda a oportunidade para fazer qualquer coisa que queira. Se você é livre e sente tristeza, é porque não aproveitou essa oportunidade ainda.

Meditação servirá, música servirá, escultura servirá, dançar servirá, amar servirá. Mas faça alguma coisa com a sua liberdade. Não fique simplesmente sentado com a sua liberdade, do contrário você ficará triste.

A liberdade tem de ser uma força criativa na sua vida, não só um tipo negativo de liberdade. A primeira parte é negativa; é simplesmente se livrar da prisão, é se livrar das correntes. Isso você já fez; agora você está sob o céu, completamente perdido. Talvez você nunca tenha percebido que a pessoa aprisionada tem um certo motivo para continuar presa. É por isso que milhões de pessoas no mundo todo continuam sendo prisioneiras da religião, da casta, do credo, da nação, da cor. Elas continuam tolerando todo tipo de prisão — não sem motivo. O motivo é que, enquanto estão aprisionadas, elas não têm responsabilidade. Não têm de ser criadoras, não tem de descobrir alguma positividade na sua liberdade. Elas se contentam em ficar aprisionadas, porque desse modo outras pessoas continuarão a tomar conta delas.

126 LIBERDADE

Por que as pessoas são cristãs, por que as pessoas são hindus, por que as pessoas são muçulmanas? Porque Jesus tomará conta delas. Você não precisa se preocupar. Tudo o que tem de ser é um escravo da Igreja cristã e a Igreja tomará conta de todos os seus pecados e de tudo mais que for necessário. A pessoa se sente absolutamente livre da responsabilidade — responsabilidade nenhuma.

Mas lembre-se de algo fundamental para toda a questão da liberdade: a responsabilidade e a liberdade andam juntas. Se você não quer ter responsabilidade, também não pode ter liberdade. Ambas vêm juntas e acabam juntas. Se você esquece a responsabilidade, tem de aceitar a escravidão de um jeito ou de outro.

Agora, você sonhou com a liberdade sem nunca ter pensado nessa grande responsabilidade que ela acarretaria. Liberdade você tem, mas não arcou com a responsabilidade. Por isso, uma tristeza ronda você. Você é absolutamente capaz de acabar com essa tristeza. Se for capaz de acabar com a sua escravidão, com as suas correntes, você é certamente capaz de ser criativo. Se foi capaz de destruir as prisões, você certamente pode fazer, criar algo belo.

Segundo a minha experiência, a menos que você se torne de algum jeito um criador, a sua vida continuará vazia e triste. As únicas pessoas felizes são os criadores. Pode ser simplesmente a criação de mais consciência, de mais experiência da verdade, de consciência, de felicidade. Pode ser simplesmente um mundo interior de criatividade ou pode ser alguma coisa exterior. Mas a liberdade tem de se tornar responsável, positiva. A sua liberdade ainda é negativa. É bom que você esteja fora da prisão, mas isso não é suficiente. Agora você tem de ganhar o seu pão. Até o momento, deram o pão a você. Junto com as correntes, eles lhe davam um teto, lhe davam roupas.

Existem tantas pessoas dentro das igrejas, dentro das sinagogas, dentro dos templos, assistindo aos cultos... Quase todo mundo pertence a uma religião, a uma nação, a uma família, a uma associação,

Obstáculos e sugestões para superá-los   *127*

a um partido político, ao Rotary Club, ao Lions Club. As pessoas continuam a achar mais e mais correntes. Elas parecem muito cômodas. Você tem muita proteção e nenhuma responsabilidade. Liberdade significa que você tem de ser responsável por todos os seus atos, por cada respiração; faça ou não alguma coisa, você será responsável.

As pessoas, na verdade, têm muito medo da liberdade, embora falem muito dela. Mas, de acordo com a minha própria experiência, muito poucas pessoas realmente querem liberdade — porque, subconscientemente, elas têm consciência de que a liberdade trará muitos problemas que não estão prontas para enfrentar. É melhor ficar numa cômoda prisão. É mais quente. E o que você fará com a liberdade? A menos que esteja pronto para ser um buscador, um explorador, um criador... Muito poucas pessoas querem fazer uma peregrinação ou penetrar nas profundezas silenciosas do coração ou assumir a responsabilidade de amar. As implicações são enormes.

Você terá de dispersar a escuridão da tristeza, do contrário, cedo ou tarde, você entrará em alguma prisão. Você não pode continuar sob o fardo dessa tristeza. Antes que ele se torne pesado demais e o leve de volta para alguma escravidão, para alguma prisão, mude toda a situação sendo uma pessoa criativa. Simplesmente descubra o que o deixa feliz na vida, o que você gostaria de criar, o que gostaria de ser, qual você gostaria que fosse a sua definição.

A liberdade é simplesmente uma oportunidade para encontrar uma definição para si próprio, uma individualidade verdadeira, autêntica, e a alegria de fazer do mundo ao seu redor um lugar um pouco melhor, um pouco mais bonito — com um pouco mais de rosas, um pouco mais de verde, um pouco mais de oásis.

Eu estou me lembrando de Madame Blavatsky, a fundadora da Sociedade Teosófica. Ela costumava carregar dois saquinhos nas mãos, sempre. Não importa se ela estava saindo para fazer uma caminhada pela manhã ou para viajar de trem — esses dois saquinhos estavam sempre nas mãos dela. E ela tirava alguma coisa desses saquinhos e atirava — da janela do trem enquanto viajava — no chão, na lateral dos trilhos.

E as pessoas costumavam perguntar, "Por que você não pára de fazer isso?"

E ela ria e dizia, "Esse é um hábito que eu tive toda a vida. São sementes de flores sazonais. Eu posso não voltar a passar por aqui" — ela viajava pelo mundo todo —, "mas isso não importa. Quando chegar a estação e as flores crescerem, milhares de pessoas que viajam diariamente nesses trens verão essas flores, essas cores. Elas não me conhecem. Isso não importa.

"Uma coisa é certa. Estou fazendo com que algumas pessoas fiquem mais felizes em algum lugar. Isso é tudo o que sei. Não importa que elas saibam ou não. O que importa é que estou fazendo alguma coisa para deixar alguém feliz. Algumas crianças podem vir, colher as flores e levar para casa. Namorados podem vir e fazer guirlandas um para o outro. E sem que eles saibam, eu farei parte do amor que eles têm um pelo outro. E farei parte da alegria das crianças. E farei parte daqueles que simplesmente passarem pelo caminho e apreciarem as lindas flores."

Aquele que compreende que a felicidade não é nada mais do que uma oportunidade para tornar o mundo um pouco mais bonito e tornar-se um pouco mais consciente, não se sentirá triste.

É bom que tenha perguntado, pois, se não tivesse, poderia ter continuado com essa tristeza, que aos poucos envenenaria a própria liberdade que tem. Uma liberdade negativa não é muito substancial; ela pode desaparecer. A liberdade tem de se tornar positiva.

É possível buscar o caminho da verdade e livrar o próprio país da tirania?

൭⋗ൎ

Não existe nenhum conflito entre você buscar a verdade, a liberdade espiritual e lutar contra a tirania política — embora a questão fique um pouco mais complicada.

A prioridade deve ser a conquista da liberdade espiritual, pois as tiranias políticas vêm e vão embora. E você não pode ter certeza absoluta de que, depois de acabar com uma tirania política, outra não virá para substituí-la.

Nenhuma tirania jamais conseguiu durar para sempre; os seus dias estão contados. Ninguém pode acabar com a vontade das pessoas. Eles podem ferir, podem matar as pessoas, mas um dia descobrem que o próprio esforço para manter o seu império, e manter as pessoas escravizadas, fez com que pessoas se voltassem contra eles.

Mas e quanto à nova tirania? Você sairá de uma tirania para cair nas garras de outra. Certamente, não serão as mesmas pessoas que serão mortas, nem serão as mesmas pessoas condenadas à morte. Agora as vítimas serão as pessoas que faziam parte do antigo regime — elas serão mortas, serão condenadas à morte. Mas não importa quem está sendo morto ou condenado à morte; são todos seres humanos, são todos os seus irmãos e irmãs. E o fenômeno mais forte a se lembrar é que até aqueles que combateram o antigo regime serão dizimados pelo novo regime que o substituirá.

É um fato estranho, mas ele tem uma lógica sutil. As pessoas que têm sido revolucionárias acostumaram-se a ser revolucionárias; e qualquer regime é anti-revolucionário. Pode se tratar de um regime criado pelos próprios revolucionários, mas, no momento em que as pessoas sobem ao poder, elas se tornam anti-revolucionárias, pois agora a revolução é contra o poder. Elas eram a favor da revolução, porque a revolução estava colocando o poder nas mãos delas — é simples ló-

130   LIBERDADE

gica. E os revolucionários não podem acreditar que essa seja a liberdade pela qual eles lutaram. Só as pessoas são outras, tudo o mais continua igual: a mesma burocracia, os mesmos políticos vis.

E essas pessoas se esquecerão das promessas que fizeram àquelas que apoiaram a revolução; elas começarão a explorar essas mesmas pessoas. Naturalmente, muitos revolucionários do passado começam a se distanciar das pessoas que subiram ao poder. Antes eles estavam todos brigando contra o inimigo, ombro a ombro. Agora começam a se distanciar, pois a revolução está sendo ameaçada. E agora os revolucionários que subiram ao poder — e o poder simplesmente destrói todas as ideologias revolucionárias — começam a matar os revolucionários que restaram, pois eles são os mais perigosos. Eles acabaram com o regime anterior; podem acabar com o atual também. Não se pode tolerá-los.

Trata-se de um jogo muito complexo. Você não deve dar prioridade a ele; a prioridade tem de ser o seu próprio crescimento. Não importa que tipo de tirania exista. Tirania é simplesmente tirania; é assassinato, é crime.

Portanto, não confie muito num futuro esplendoroso. A história mostra outra coisa; as pessoas continuarão na mesma situação lamentável, vítimas dos mesmos horrores. Só os carrascos mudaram, o crime continua sendo o mesmo.

Não sou contra lutar pela liberdade da sua nação, mas não lhe dê prioridade. A prioridade deve ser a sua liberdade espiritual, que ninguém pode tirar de você. Se você conseguir lutar contra a tirania também, sem causar nenhum distúrbio, então eu apóio totalmente a sua luta. Mas não acho que seja fácil — é bem difícil. No momento em que você começa a lutar contra os governos, você fica tão envolvido na luta que se esquece completamente de si mesmo.

É ofensivo viver sob qualquer escravidão. Mas a pior escravidão é a da alma. Liberte-a do passado, liberte-a da nação, liberte-a da religião na qual você foi criado. A sua busca pela verdade precisa ser a sua principal preocupação.

Obstáculos e sugestões para superá-los   *131*

Paralelamente, se ainda tiver energia, você pode continuar lutando contra as tiranias políticas. Mas você vai se decepcionar. Todos aqueles que, ao longo das eras, tiveram a idéia de que "seriam livres" se decepcionaram. Neste país, eu era um garotinho quando a luta pela liberdade estava em curso, mas toda a minha família participou dela. Os meus tios foram para a cadeia, a minha família viveu quase o tempo todo em prisão domiciliar. Os meus tios não puderam concluir os seus estudos, porque o tempo que passariam na universidade eles passaram na prisão. E sofreram todo tipo de tortura..., mas tinham muita esperança de que essa noite, embora longa, uma hora chegaria ao fim. Ela chegou, mas o dia não. Esse é o milagre.

Os imperialistas britânicos se foram e aqueles que subiram ao poder estavam lutando contra o imperialismo britânico e contra a sua desumanidade com relação ao povo deste lugar. Agora eles estão fazendo o mesmo. Essa certamente não é a liberdade que o povo esperava ter.

Eu me lembro dos meus tempos de infância... que grande esperança havia no ar — como se nós tivéssemos chegado muito perto da Era Dourada. E, com exceção da profunda decepção, nada aconteceu. Agora os governantes são indianos, não britânicos, mas as estratégias que usam são as mesmas. A sua sede de poder é a mesma, o jeito como exploram o povo é o mesmo. A burocracia ficou maior e o país passou por um choque: "O que aconteceu com a liberdade pela qual lutamos? Pelo que sacrificamos a nossa liberdade? Pelo que milhares de pessoas foram presas, mortas? É essa a liberdade pela qual se fez tantos sacrifícios?"

Com certeza, isso não é liberdade. Talvez, no mundo político, esse tipo de liberdade só passe a existir quando nascer o rebelde, não o revolucionário. O revolucionário fracassou, fracassou completamente; e não foi só uma vez, foram centenas de vezes. Agora é preciso que isto seja considerado uma regra: o revolucionário fala de feitos grandiosos, promete paraísos e, quando sobe ao poder, ele mostra ser um tirano maior do que todos os anteriores.

132 LIBERDADE

Eu não tenho mais esperanças nas promessas dos revolucionários; tenho esperança no nascimento do rebelde. E a necessidade básica de um rebelde — a transformação básica — é libertar a sua individualidade do seu próprio passado, da sua própria religião, da sua própria nação. A meditação ajudará a fazer de você um indivíduo; e só uma comuna de indivíduos que sejam todos espiritualmente livres, que quebraram todas as pontes que levam ao passado, terão os olhos fixos nas estrelas longínquas.

Eles são todos, num certo sentido, poetas, sonhadores, místicos e meditadores. E a menos que deixemos o mundo cheio dessas pessoas, ele só vai passar de uma tirania para outra. Será um exercício de total futilidade.

Você é a prioridade. Volte às suas raízes, encontre o seu eu, torne-se um rebelde e crie o maior número de rebeldes possível. Esse é o único jeito possível de você ajudar a humanidade futura a criar um Futuro Dourado.

ॐ

Os padres, freiras e parentes responsáveis pela minha formação agora estão velhos e acabados. A maioria já morreu. Parece que não vale a pena rebelar-se contra esses velhos impotentes.

Agora eu sou o padre e as doutrinas. Sinto que me rebelar contra qualquer coisa que esteja fora de mim mesmo é perda de tempo e simplesmente não faz sentido. Isso faz com que a situação fique muito mais frustrante e complicada. Parece que o eu tem de lutar contra o eu. Reconheço que não se trata do eu essencial — a face original — que tem de se rebelar. É o eu que foi educado — o subterfúgio. Mas esse é o único "eu" que eu tenho ou conheço com o qual me rebelar. Como o subterfúgio se rebela contra o subterfúgio?

ॐ

Obstáculos e sugestões para superá-los   *133*

A rebelião de que estou falando não é para ser feita contra ninguém. Não é uma rebelião de fato, mas só uma compreensão. Você não precisa lutar contra os padres, freiras, parentes exteriores, não. Nem tem de lutar contra os padres, freiras e parentes interiores. Porque, seja exterior ou interior, não importa, eles estão separados de você. O exterior está separado, o interior também está separado. O interior é só um reflexo do exterior.

Você está totalmente certo ao dizer que "parece que não vale a pena rebelar-se contra esses velhos impotentes". Não estou falando para você se rebelar contra esses velhos impotentes. E não estou falando, também, para você se rebelar contra tudo o que enfiaram na sua cabeça. Se você se rebelar contra a sua própria mente, será uma reação, não uma rebelião. Perceba a diferença. A reação é resultado da raiva; a reação é violenta. Na reação, você fica cego de raiva. Na reação, você começa a ir para o outro extremo.

Por exemplo, se os seus pais lhe ensinaram a ter higiene e a tomar banho todo dia, e mais isto e aquilo, e você aprender desde pequeno que Deus gosta de limpeza, e um dia você começa a se rebelar, o que você vai fazer? Vai parar de tomar banho. Começará a viver na imundície. Você vai para o outro extremo. Ensinaram-lhe que Deus gosta de limpeza; agora você acha que Deus gosta da imundície, que Deus adora a sujeira. Você foi de um extremo ao outro. Isso não é rebelião. Isso é fúria, é raiva, é vingança.

Enquanto está reagindo aos seus pais e às suas chamadas idéias de limpeza, você ficará apegado a essas mesmas idéias. Elas ainda assombram você, ainda têm influência sobre você, ainda o dominam, ainda são decisivas. Elas ainda decidem a sua vida, embora você agora seja contra elas; mas elas ainda decidem. Você não consegue tomar banho despreocupadamente; você sempre se lembra dos seus pais, que costumavam obrigá-lo a tomar banho todo dia. Agora você não toma banho nunca.

134   LIBERDADE

Quem está dominando você? Os seus pais, ainda. O que eles lhe fizeram, você ainda não consegue apagar. Isso é reação, não é rebelião. Então o que é rebelião? Rebelião é entendimento puro. Você simplesmente entende o que aconteceu. Então deixa de ser neuroticamente obcecado por limpeza, só isso. Você não fica sujo. A limpeza tem a sua própria beleza. Ninguém deve ser obcecado por ela, porque obsessão é doença.

Por exemplo, uma pessoa lava as mãos o dia inteiro — então ela é neurótica. Lavar as mãos não é ruim, mas só lavar as mãos o dia inteiro é loucura. Mas se, em vez de lavar as mãos o dia inteiro, você começar a não lavá-las nunca, a deixar para sempre de lavá-las, então você fica preso a outro tipo de loucura, o contrário do primeiro.

A pessoa de entendimento lava as mãos quando é necessário. Quando não é necessário, ela não fica obcecada com isso. Ela simplesmente lida com isso de modo natural, espontâneo. Vive com inteligência, só isso.

Não existe muita diferença entre obsessão e inteligência se você não observar com muito cuidado. Se você depara com uma cobra na estrada e dá um pulo, você pula de medo. Mas esse medo é inteligência. Se você não é inteligente, é burro, você não vai dar um pulo para trás e correrá risco inutilmente. A pessoa inteligente dará um pulo no mesmo instante — há uma cobra ali. Ela pula de medo, mas esse medo é inteligente, positivo, benéfico.

Contudo, esse medo pode ser obsessivo. Por exemplo, você não consegue ficar sentado dentro de casa. Sabe-se lá. A casa pode vir abaixo. E as casas às vezes vêm abaixo, isso é verdade. Às vezes elas vêm abaixo; isso não está errado. Você pode argumentar, dizendo, "Se outras casas vieram abaixo, por que não esta?" Agora você tem medo de viver sob um teto — ele pode despencar. Isso é uma obsessão. Agora não é inteligente.

Obstáculos e sugestões para superá-los   *135*

As pessoas podem ficar obsessivas com relação a qualquer coisa. Qualquer coisa que possa ser inteligente dentro de certos limites pode se tornar neurótica se você passar desses limites. A reação é passar para o outro extremo. A rebelião é um entendimento muito profundo, uma profunda compreensão, de um certo fenômeno. E a rebelião sempre mantém você no meio-termo; ela lhe dá equilíbrio.

Você não está lutando contra alguém; contra as freiras, os padres, os pais exteriores ou interiores. Você não está lutando contra ninguém, porque numa luta você não sabe onde vai parar. Numa luta, a pessoa perde a consciência; numa luta, ela começa a passar para o outro extremo. É fácil de ver.

Por exemplo, basta sentar-se com os amigos e, a certa altura, dizer, "Não vale a pena ver aquele filme que eu vi ontem". Pode ser que esse tenha sido só um comentário que você fez de passagem, mas alguém diz, "Você está errado. Também vi o filme. É um dos filmes mais belos que já fizeram". Agora você foi provocado, desafiado; você fica com vontade de brigar. Você diz, "Ele não vale nada, é a coisa mais inútil que eu já vi!" E então começa a criticá-lo. E, se o outro também insistir, você ficará cada vez mais irritado e começará a dizer coisas que nem sequer tinha pensado em dizer. E, mais tarde, se você fizer uma retrospectiva e analisar todo o fenômeno que aconteceu, ficará surpreso ao constatar que a menção de que não valia a pena assistir ao filme foi um comentário muito ameno, mas, ao acabar a discussão, você havia passado para o outro extremo. Você usou tudo o que sabia, todas as palavras grosseiras que conhecia. Você fez todo tipo de condenação; lançou mão de toda a sua perspicácia para condenar o outro. Mas não estava disposto a fazer isso logo de início. Se ninguém tivesse discordado de você, você poderia ter esquecido tudo, poderia nunca ter sido tão mordaz nos seus comentários.

Acontece — quando começa a brigar, você tende a ir ao extremo.

136   LIBERDADE

Não estou ensinando você a lutar contra os seus condicionamentos. Compreenda-os. Mostre inteligência ao lidar com eles. Simplesmente veja como eles dominam você, como eles influenciam o seu
comportamento, como moldam a sua personalidade, como continuam a afetar você sem que perceba. Simplesmente observe! Medite
a respeito. E um dia, quando já tiver visto o mecanismo dos seus condicionamentos, de repente você chega a um equilíbrio. A sua própria
compreensão torna você livre.

Compreensão é liberdade e essa liberdade eu chamo de rebelião.

O verdadeiro rebelde não é alguém que luta; é uma pessoa de entendimento. Ela simplesmente fica mais inteligente, não com mais
raiva, com mais fúria. Você não pode transformar a si mesmo ficando
com raiva do passado. Assim o passado continuará dominando você,
ele continuará sendo o centro do seu ser, continuará sendo o seu fo-
co. Você continuará focado, ligado ao passado. Pode passar para o extremo oposto, mas ainda estará ligado ao passado.

Cuidado! Esse não é o caminho do meditador, não é o caminho
da rebelião pelo entendimento. Simplesmente compreenda.

Você passa ao lado de uma igreja e desperta em você um desejo profundo de entrar e rezar. Ou você passa ao lado de um templo e inconscientemente se curva diante da divindade do templo. Simplesmente observe. Por que você está fazendo essas coisas? Não estou dizendo para ir
contra isso, estou dizendo para observar. Por que você se curva diante do
templo? — porque lhe ensinaram que esse templo é o templo certo, que
a divindade desse templo é a verdadeira imagem de Deus. Será mesmo?
Ou simplesmente lhe disseram que era e você acreditou? Observe!

Ao ver que você está simplesmente repetindo um programa que
lhe foi dado, que só está tocando uma fita na sua cabeça, que está no
automático, como um robô, você pára de se curvar. Não que você tenha de se esforçar, você simplesmente esquecerá tudo. A coisa irá desaparecer, deixará você sem deixar rastro.

Obstáculos e sugestões para superá-los   *137*

A reação deixa um rastro, a rebelião não deixa; é liberdade absoluta.

E você também pergunta "Contra quem lutar?" Essa pergunta só surge se tiver de haver uma luta. Como não vai haver uma luta, essa pergunta não surgirá. Você tem simplesmente de ser uma testemunha. E o testemunho é a sua face original; aquele que testemunha é a sua consciência verdadeira. Aquilo que você testemunha é o condicionamento. Aquele que testemunha é a fonte transcendental do seu ser.

ॐ

Você poderia fazer a gentileza de dizer algo sobre o medo da liberdade? Existe essa ânsia por liberdade; no entanto, principalmente nos últimos tempos, sinto um grande medo surgindo ao mesmo tempo. Não será nada mais do que a vontade de evitar a solidão e a responsabilidade?

ॐ

É natural, porque, desde a mais tenra infância, dizem-lhe que você depende dos outros, dos conselhos das pessoas, da orientação delas. Você ficou mais velha, mas não cresceu. Todos os animais ficam mais velhos. Só o homem tem duas possibilidades: ou ele fica mais velho, como qualquer outro animal, ou ele cresce. Crescer significa livrar-se de toda dependência. Naturalmente, no começo isso desperta medo.

Você estava rodeada de todos os seus projetos e achava que estava protegida. Por exemplo, desde o início lhe diziam que Deus está protegendo você. Dizem até às crianças pequenas, "Não tenha medo. Pode dormir. Deus está protegendo você".

Essa criança ainda está dentro de você — e eu digo, "Não existe nenhum Deus. Você pode dormir no escuro em segurança. Ninguém está protegendo você". Mas isso não deixa você dormir; você fica com medo, é preciso que alguém proteja você. Esse Deus era conversa pra boi dormir, mas ajudava. Era como a homeopatia — só comprimidos de açúcar.

138 LIBERDADE

Mas se a sua doença é só uma idéia — e existe tanta gente por aí que tem idéias; basta uma coisinha para que eles a exagerem, quase que inconscientemente. Nenhum remédio de verdade é necessário para as doenças imaginárias que elas têm. Tudo de que precisam é um remédio imaginário.

Em primeiro lugar, a escuridão é bela. Ela é muito profunda, silenciosa, infinita. A luz vem e vai; a escuridão sempre fica, ela é mais eterna que a luz. Para ter luz você precisa de combustível, para ter escuridão não precisa de combustível nenhum — ela está simplesmente ali. E, para relaxar, a luz não é o mais apropriado. A luz gera tensão, mantém você acordado. A escuridão permite que você relaxe, descontraia-se.

Não existe medo na escuridão, por isso toda a idéia de ter medo do escuro é uma projeção. Então você precisa de um Deus — outra projeção — que protegerá você na escuridão. Uma mentira precisa de outra mentira e a coisa não tem fim; você tem de continuar mentindo.

A liberdade certamente fará com que você fique com medo de muitas coisas. Fique alerta. Olhe profundamente tudo o que lhe causa medo. E você se surpreenderá ao constatar que, se olhar profundamente para isso, o medo desaparecerá. Não existe nada neste mundo para se temer. Então você pode se alegrar com a liberdade e com a responsabilidade que isso traz.

A responsabilidade faz você crescer. Você fica cada vez mais responsável por todas as suas ações, por todos os seus pensamentos, por todos os seus sentimentos. Isso o deixa cristalino. Leva embora todas as correntes que prendiam você e a sua psicologia.

Eu estava com um amigo; estávamos indo a um encontro que eu havia marcado e ele estava me levando de carro. Ele estava tocando a buzina para a mulher dele descer, pois estávamos ficando atrasados. E eu não gosto de me atrasar, pois havia tantas pessoas esperando e eu ia chegar atrasado? É desrespeitoso, deselegante.

Obstáculos e sugestões para superá-los   *139*

Finalmente a mulher olhou pela janela e disse, "Já disse um milhão de vezes que desço num minuto!"

Eu disse, "Meu Deus! Como ela pode dizer isso um milhão de vezes e ainda descer num minuto?" Mas ela não se deu conta do que estava dizendo.

Você exagerou os seus medos. Basta que olhe para eles e só de olhá-los eles começarão a diminuir. Você nunca olhou para eles, você fugiu deles. Tem criado proteções contra eles, em vez de olhar diretamente nos olhos do seu medo.

Não existe absolutamente nada para se temer; tudo o que é preciso é um pouco mais de consciência. Portanto, sempre que sentir medo, agarre-o, olhe para ele com bastante cuidado, assim como um cientista faria. E você se surpreenderá, pois ele começa a derreter como um floco de neve. Quando tiver olhado para ele na sua totalidade, ele já terá desaparecido.

E, quando existe liberdade sem nenhum medo, ela traz tamanha bênção que não existem palavras para descrevê-la.

℮Ⅹℴ

Como podemos ensinar as crianças a crescer e desenvolver todo o seu potencial, sem impor nossas próprias idéias sobre elas e interferir na sua liberdade?

℮Ⅹℴ

No momento em que você começa a pensar em como ajudar as crianças a crescer, você já está no caminho errado, pois tudo o que você vai fazer é dar a elas um certo programa. Ele pode ser diferente do que você recebeu, mas você está condicionando as crianças — com as melhores intenções do mundo.

As árvores crescem sem que ninguém tenha de dizer a elas como crescer. Os animais, os pássaros, toda a existência, nada disso precisa de programação. A própria idéia de programação é basicamente a cria-

140 LIBERDADE

ção de escravidão — e o homem tem criado escravos há milhares de anos sob diferentes nomes. Quando as pessoas se cansam de um nome, outro nome imediatamente o substitui. Alguns programas modificados, algumas mudanças aqui e outras ali no condicionamento, mas a coisa principal continua a mesma: os pais, a geração mais antiga, quer que os seus filhos sejam de um determinado jeito. É por isso que você está perguntando "Como?"

Na minha maneira de ver, a função dos pais não é saber como ajudar os filhos a crescer — eles crescerão sem você. A sua função é apoiá-los, nutri-los, ajudar o que já está crescendo. Não dê direções e não dê ideais. Não lhes fale o que é certo e o que é errado: deixe que eles descubram por experiência própria.

Só uma coisa você pode fazer: falar da sua própria vida. Conte a eles que você foi condicionado pelos seus pais, que você viveu dentro de certos limites, de acordo com certos ideais e, por causa desses limites e ideais, você não viveu, e você não quer destruir a vida dos seus filhos. Você quer que eles sejam absolutamente livres — livres de você, porque, para eles, você representa todo o passado.

É preciso coragem e um amor imenso num pai, numa mãe, para dizer aos filhos, "Você precisa ficar livre de nós. Não nos obedeça — use a sua inteligência. Mesmo que você tome o caminho errado, isso é muito melhor do que ser um escravo e acertar sempre. É melhor cometer erros por conta própria e aprender com eles do que obedecer a alguém e não cometer erros. Mas assim você nunca vai aprender nada, exceto a obedecer — e isso é veneno, veneno puro".

Isso é muito fácil se você ama. Não pergunte "como", porque "como" significa que você está pedindo um método, uma metodologia, uma técnica — e o amor não é uma técnica.

Ame os seus filhos, aprecie a liberdade deles. Deixe que cometam erros, ajude-os a ver onde eles erraram. Diga-lhes, "Cometer erros não é errado — cometa tantos erros quanto possível, pois é assim

Obstáculos e sugestões para superá-los   *141*

que você aprenderá mais. Só não cometa os mesmos erros várias vezes, pois isso é estupidez".

Portanto, não vai receber de mim uma resposta simples. Você terá de dar um jeito de viver com os seus filhos a cada instante, deixando que eles tenham toda liberdade possível em pequenas coisas.

Por exemplo, na minha infância... e tem sido assim há séculos, ensinavam às crianças, "Vá para a cama cedo e se levante bem cedo pela manhã. Assim você vai ficar inteligente".

Eu dizia ao meu pai, "Que estranho, quando não estou com sono, você me obriga a ir dormir cedo à noite". E nos lares jainistas, cedo é realmente cedo, porque o jantar é às cinco da tarde, no máximo às seis. E depois não há mais nada para fazer — as crianças têm de ir dormir.

Eu dizia a ele, "Quando minha energia não me leva a querer dormir, você me obriga a dormir. E, pela manhã, quando estou com sono, você me tira da cama. Esse parece um jeito muito estranho de me tornar inteligente! Não vejo qual a ligação — como vou ficar inteligente sendo obrigado a dormir quando não tenho sono? E durante horas eu fico rolando na cama, na escuridão... um tempo que poderia ser aproveitado de algum jeito, em que eu poderia ser criativo e você me obriga a dormir. Mas o sono não é algo que você controle. Você não pode simplesmente fechar os olhos e dormir. O sono vem quando vem, não obedece a uma ordem sua ou minha, portanto, durante horas eu fico desperdiçando o meu tempo.

"E aí pela manhã, quando estou realmente com sono, você me obriga a acordar — cinco da manhã — e você me arranca da cama para fazer uma caminhada matinal pela floresta. Eu estou com sono e você me arrasta. Não sei como tudo isso vai me fazer ficar inteligente. Por favor, me explique!

"Quantas pessoas já ficaram inteligentes com esse processo? Você pelo menos me mostre algumas pessoas inteligentes — não vejo ne-

142 LIBERDADE

nhuma por aqui. E tenho conversado com o meu avô e ele diz que é tudo bobagem. De toda a família, esse velho homem é o único sincero. Ele não liga para o que os outros vão dizer; me diz que é tudo bobagem: 'A sabedoria não é algo que apareça só porque você sai cedo da cama. Tenho me levantado cedo a minha vida toda — setenta anos — e a sabedoria ainda não apareceu, e não acho que ela aparecerá! Agora é a hora de a morte chegar, não a sabedoria. Então não se deixe enganar por esses provérbios'".

Eu dizia ao meu pai, "Reflita a respeito e, por favor, seja autêntico e verdadeiro. Me dê essa grande liberdade — poder dormir quando o sono estiver chegando e poder me levantar quando eu sentir que não tenho mais sono".

Ele passou um dia todo pensando e, no dia seguinte, disse, "Tudo bem, talvez você esteja certo. Faça como quiser. Ouça o seu corpo em vez de me ouvir".

Esse deve ser o princípio: deve-se ajudar as crianças a ouvir o próprio corpo, a ouvir as suas próprias necessidades. O básico para os pais é proteger os filhos para que eles não caiam numa vala. A função da disciplina dos pais é negativa.

Lembre-se da palavra "negativo"... nenhuma programação positiva, só a proteção negativa — porque crianças são crianças, e elas podem fazer algo que as machuque, que as mutile. Nesse caso também não as impeça de fazer o que querem, só explique a elas. Não faça com que elas lhe obedeçam; ainda deixe que escolham. Você simplesmente explica a situação toda.

As crianças são muito receptivas e, se você tiver respeito por elas, elas estarão dispostas a ouvir, dispostas a entender. Depois deixe que fiquem com o entendimento delas. E é só uma questão de alguns anos no começo; logo elas já estarão preparadas para usar a inteligência delas e a sua proteção não será mais necessária. Logo elas serão capazes de agir por conta própria.

Obstáculos e sugestões para superá-los   *143*

Eu posso entender o medo dos pais de que os filhos tomem um rumo que não os agrade — mas isso é problema seu. Os seus filhos não nasceram para fazer as suas vontades. Eles têm de viver a vida deles e você deve achar ótimo que eles estejam vivendo a vida deles — seja ela como for. Eles podem se tornar só um músico pé-rapado...

Eu conheci um homem muito rico que queria que o filho, depois de formado, se tornasse um doutor. Mas o filho só se interessava por música. Ele já não era um amador; era muito conhecido na área e, sempre que havia uma festa, lá estava ele tocando cítara. Ele ficava cada dia mais famoso. Queria ir para uma universidade direcionada para a música. Mas o pai era totalmente contra. Ele me chamou — porque eu tinha muita amizade com o filho dele — e disse, "Ele vai ser um mendigo a vida toda", porque os músicos, na Índia, não ganham muito. "No máximo, conseguirá dar aula de música numa escola. Quanto ele vai ganhar? Tanto quanto pagamos para os criados da nossa casa! E ele viverá cercado pelas pessoas erradas", porque, na Índia, os músicos convivem com as prostitutas.

A prostituta indiana é diferente de qualquer outra prostituta do resto do mundo. A palavra "prostituta" não faz justiça à prostituta indiana, pois a prostituta indiana é realmente versada em música, em dança — e a Índia tem muitas variedades. Se você quer realmente aprender as camadas profundas da música, do canto, da dança, você tem de ficar com algumas prostitutas famosas. Existem famílias famosas — elas são chamadas *gharanas*. *Gharana* significa família. Não tem nada a ver com a família comum — é uma família de mestres e discípulos. Assim, existem *gharanas* famosas que têm um jeito próprio de ser. Diante de um certo instrumento, de uma certa dança, cada *gharana* se apresentará de um modo diferente, com nuanças sutis. Portanto, se alguém realmente quiser entrar para o mundo da música, terá de passar a fazer parte de alguma *gharana* — e essa não é uma boa companhia.

Mas o filho não estava interessado em boas companhias. Desobedecendo ao pai, ele ingressou na universidade de música e o pai o deserdou — ele estava muito zangado. E como o pai o deserdou e não havia outro jeito — a universidade ficava numa região longínqua nas montanhas, onde ele não conseguiria arranjar um emprego ou coisa assim — ele voltou e fez exatamente o que o pai previra, tornou-se um simples professor primário.

O pai me procurou e disse, "Veja, foi justamente o que eu disse. Os meus outros filhos — um é engenheiro, o outro é professor universitário, mas esse idiota não me ouviu. Eu o deserdei; ele não herdará nem sequer um centavo da minha fortuna, e agora terá de continuar sendo um professor miserável — um professor primário".

O meu amigo, no entanto, estava extremamente feliz... nem um pouco preocupado com o fato de ter sido abandonado pela família, de ter de viver uma vida de homem pobre, de que não receberia nenhuma herança. Essas coisas não o incomodavam; ele estava feliz, "É bom que tenham feito isso — agora eu posso me tornar parte de alguma *gharana*. Eu estava preocupado com eles, pois iam se sentir humilhados. Mas agora eles me abandonaram e eu não faço mais parte da família. Posso fazer parte de alguma *gharana*".

Dando aulas numa escola, ele se juntou a uma *gharana* e agora é um dos maiores músicos da Índia. A questão não é ser um dos maiores músicos; o importante é que ele se tornou o que achava que era o seu potencial. E sempre que você segue o seu potencial, você se torna o melhor. Sempre que se desvia do seu potencial, você se torna medíocre.

Toda a sociedade é composta de pessoas medíocres, pela simples razão de que ninguém é o que estava destinado a ser — é uma outra

Obstáculos e sugestões para superá-los   *145*

coisa. E, não importa o que a pessoa faça, ela nunca será a melhor e não conseguirá se sentir satisfeita; não conseguirá ser feliz.

Portanto, o trabalho dos pais é muito delicado, e é muito precioso, pois toda a vida da criança depende dele. Não transmita nenhum programa positivo — ajude a criança, de todas as maneiras possíveis, a fazer o que ela quer fazer.

Por exemplo, eu costumava trepar em árvores. Ora, existem algumas árvores em que podemos trepar sem perigo; os galhos são fortes, o tronco é robusto. Você pode até mesmo ir até o topo e nem por isso sentir medo de que o galho se quebre. Mas existem algumas árvores que são muito frágeis. Como eu costumava trepar em árvores para pegar mangas e outras frutas, minha família ficava muito preocupada e sempre mandava alguém para me impedir.

Eu dizia ao meu pai, "Em vez de me impedir de subir, por favor me diga quais árvores são perigosas — para que eu possa evitá-las — e que árvores não são perigosas, para que eu possa trepar nelas. Mas, se você tentar me impedir de trepar em árvores, vai ser perigoso: eu posso trepar na árvore errada e a responsabilidade vai ser sua. Eu não vou parar de subir em árvores, eu adoro fazer isso".

É de fato uma das experiências mais belas que existem subir no topo de uma árvore, ao sol, com o vento soprando forte e a árvore inteira dançando — uma experiência extremamente nutritiva.

Eu dizia, "Não vou parar. A sua tarefa é me dizer exatamente em que árvores eu devo subir — porque eu posso cair delas, quebrar algum osso, me machucar. Mas não me passe simplesmente uma ordem para que eu não trepe em árvores. Isso eu não vou fazer". O meu pai teve, então, de sair comigo pela cidade, mostrando que árvores eram perigosas. Eu ainda fiz a ele uma outra pergunta, "Você conhece alguém que saiba trepar em árvores muito bem e possa me ensinar a trepar até nas árvores perigosas?"

146   LIBERDADE

Ele disse, "Você vai além da conta! Agora foi longe demais! Você me explicou, eu entendi..."

Eu disse, "Eu vou obedecer, porque quem propôs fui eu. Mas as árvores que você está me dizendo que são perigosas são irresistíveis, porque o jamun" — uma fruta indiana — "cresce nelas. Ela é uma delícia e, quando está madura, eu não consigo resistir à tentação. Você é o meu pai, é o seu dever... você tem de conhecer alguém que possa me ajudar".

Ele disse, "Se eu soubesse que ser pai era tão difícil, nunca teria sido — pelo menos não o seu! Sim, eu conheço um homem" — e ele me apresentou a um velho que era um raro trepador de árvores, o melhor de todos. Ele podava árvores e era tão velho que era inacreditável que ele ainda pudesse podar alguma árvore. Ele só aceitava trabalhos raramente, quando ninguém mais era capaz de executá-lo... grandes árvores que se espalhavam sobre as casas — ele cortava os galhos. Ele era simplesmente um especialista e fazia isso sem prejudicar as raízes ou as casas. Primeiro ele amarrava uns galhos aos outros com cordas. Então ele cortava os galhos e, com as cordas, empurrava-os para longe da casa e os jogava no chão. E ele era tão velho! Mas, sempre que surgia uma situação como essa, quando não havia nenhum outro profissional disponível, ele se dispunha a ir.

Então o meu pai disse a ele, "Ensine algo a este garoto, particularmente sobre árvores que são perigosas, que podem se quebrar". Galhos podem se quebrar... e eu já tinha caído duas ou três vezes — tenho marcas nas pernas até hoje. Aquele velho olhou para mim e disse, "Ninguém jamais me pediu isso, quanto mais um pai trazendo um garoto...! É uma coisa perigosa, mas, se ele gosta, eu adorarei ensiná-lo". E ele me ensinou a trepar nas árvores que eram perigosas. Mostrou-me todos os tipos de estratégia para não cair das árvores: Se você quer trepar lá no alto e não quer se estatelar no chão, primeiro tem que se amarrar com uma corda à árvore, num ponto em que você per-

Obstáculos e sugestões para superá-los

147

ceba que a árvore é forte o suficiente, e depois subir. Se cair, você ficará pendurado pela corda, mas não cairá no chão. E isso realmente me ajudou; desde então nunca mais caí!

A função de um pai ou de uma mãe é imensa, pois eles estão trazendo um novo hóspede ao mundo — que nada sabe, mas que tem um certo potencial. E, a menos que o potencial da criança cresça, ela será infeliz. Nenhum pai gosta de pensar que os filhos serão infelizes; eles querem que eles sejam felizes. Acontece simplesmente que eles pensam do modo errado. Acham que, se eles forem médicos, se forem professores universitários, se forem engenheiros, cientistas, eles serão felizes. Eles não serão! Só poderão ser felizes se eles fizerem o que vieram fazer aqui. Eles só podem se tornar a semente que carregam dentro de si.

Então ajude-os, de todas as maneiras possíveis, dando liberdade, dando oportunidades. Geralmente, se a criança pede à mãe alguma coisa, mesmo antes de ouvir a criança, o que ela está pedindo, a mãe diz simplesmente "Não". O "Não" é uma palavra autoritária; o "Sim" não é. Por isso, nem o pai, nem a mãe, nem ninguém que seja autoritário gosta de dizer "Sim" — para qualquer coisa do dia-a-dia.

A criança quer brincar fora de casa: "Não!" A criança quer sair quando está chovendo e quer dançar na chuva: "Não! Você ficará resfriada!" Um resfriado não é um câncer, mas a criança que foi impedida de dançar na chuva, e nunca mais conseguiu dançar novamente, perdeu algo maravilhoso, algo realmente muito belo. Valeria a pena pegar um resfriado — e não que a criança necessariamente ficaria resfriada. Na verdade, quanto mais você a protege, mais vulnerável ela fica. Quanto mais solta ela for, mais imune ela fica.

Os pais têm de aprender a dizer "Sim". De cada cem vezes que eles dizem "Não", noventa e nove são apenas porque querem mostrar autoridade. Nem todo mundo pode ser o presidente do país, pode ter autoridade sobre milhões de pessoas. Mas todo mundo pode ser ma-

148 LIBERDADE

rido de alguém, pode ter autoridade sobre a esposa; toda esposa pode se tornar mãe, pode ter autoridade sobre o filho; toda criança pode ter um ursinho de pelúcia e ter autoridade sobre o ursinho... chutá-lo, dar-lhe umas bofetadas, bofetadas que ele queria, na verdade, dar na mãe ou no pai. E o pobre ursinho de pelúcia não tem ninguém abaixo dele.

Esta é uma sociedade autoritária. E, se criarmos as crianças com liberdade, crianças que ouçam muitas vezes "Sim" e raramente "Não", a sociedade autoritária desaparece. Teremos uma sociedade mais humana. Então não é só uma questão relacionada a crianças. Essas crianças vão se tornar a sociedade de amanhã: a criança é o pai do homem.

EPÍLOGO

A VERDADEIRA LIBERDADE É ESPIRITUAL

A verdadeira liberdade não tem nada a ver com o mundo exterior.

A verdadeira liberdade não é política, não é econômica; é espiritual. A liberdade política pode ser tirada a qualquer momento; a liberdade econômica pode desaparecer assim como uma gota de orvalho sob o sol da manhã. Elas não estão nas suas mãos. E aquilo que não está nas suas mãos não pode ser chamado de verdadeira liberdade.

A verdadeira liberdade é sempre espiritual. Ela tem algo a ver com o seu ser mais profundo, que não pode ser acorrentado, que não pode ser algemado, que não pode ser posto numa prisão.

Sim, o seu corpo pode sofrer todo tipo de coisa, mas a sua alma é intrinsecamente livre. Você não tem de implorar por ela, não tem de lutar por ela. Ela já existe, agora mesmo. Se você se voltar para dentro, todas as correntes, todas as prisões, todos os tipos de escravidão desaparecem — e existem muitos. A liberdade é uma só; as escravidões são muitas — assim como a verdade é uma só e as mentiras podem aparecer aos milhares.

Qual é exatamente a substância mais íntima da liberdade? — aquilo que o liberta do passado e que o liberta do futuro. Você não

150 LIBERDADE

tem lembranças que o prendem ao passado, que o arrastam de volta para trás — que sejam contra a existência; nada que retroceda. E a sua liberdade é também fruto da imaginação, do desejo, do anseio — ela o leva na direção do futuro.

Nem o passado existe nem o futuro existe. Tudo o que você tem nas mãos é o presente. E aquele que vive no presente, sem o fardo do passado ou do futuro, conhece o gosto da liberdade. Não existem correntes — as correntes das lembranças, as correntes dos desejos. Essas são as verdadeiras correntes que oprimem a alma e nunca deixam que você viva o momento que é seu.

No que me diz respeito, eu não vejo como uma pessoa pode ser livre sem uma mente meditativa.

Na Índia, o que é chamado no Ocidente de paraíso é conhecido como *moksha*. *Moksha* significa liberdade. Paraíso não significa liberdade, paraíso vem da raiz persa *phirdaus*, que significa "jardim murado". Mas não se esqueça de que se trata de um jardim *murado*: pode ser um jardim, mas é uma prisão.

A história bíblica conta que Deus ficou aborrecido com Adão e Eva e expulsou-os do Jardim do Éden. Expulsou-os para onde? Se você me perguntar, digo que era uma maldição que ocultava a maior de todas as liberdades, a maior de todas as bênçãos. Eles estavam fora da prisão e esse foi o começo da humanidade. Agora o céu inteiro, a terra inteira eram deles, e eles é que decidiam o que fazer. É lamentável que não tenham sido capazes de criar um mundo livre. Cada nação tornou-se novamente uma prisão emparedada — nem sequer um jardim murado.

Numa escola pequena, um professor de religião falava às crianças sobre o começo do mundo de acordo com a Bíblia. Um garotinho levantou a mão para fazer uma pergunta. O professor disse, "Qual é a sua pergunta?"

Epílogo

Ele disse, "Minha pergunta é: a Bíblia diz que Deus expulsou Adão e Eva do Paraíso. Que modelo de carro ele usou para tirá-los de lá?"

Deve ter sido um Ford — o primeiro modelo, chamado Modelo T. E acho que o pobre Deus ainda deve dirigir Ford Modelo T — e sem motor, porque nem o seu filho Jesus entende de motores, nem o Espírito Santo, nem ele mesmo.

O Cristianismo acha que Deus castigou o homem. O meu entendimento e intuição dizem que Deus pode ter pensado que ele estava castigando o homem, mas a realidade é que Deus ainda está preso num jardim murado. E foi uma bênção que ele tivesse fingido que fez o homem livre. A sua intenção não era boa, mas o resultado foi toda a evolução da humanidade. E, se a evolução não está acontecendo tão rápido quanto poderia, é porque os sacerdotes de Deus, de todas as religiões, estão impedindo.

Quando Galileu descobriu que não era o sol que girava em torno da terra, que isso era uma impressão e não a realidade — quando ele descobriu que acontecia justamente o oposto, a terra girava em torno do sol — ele escreveu um tratado expondo as suas razões, evidências, provas, argumentos. Ele era muito velho — 70 ou 75 anos — e estava doente, decrépito, quase morrendo. Mas o amor cristão é tal que as pessoas que representavam a Igreja o arrancaram da cama e o levaram para o tribunal do papa.

O papa disse, "Você cometeu o mais grave de todos os crimes, pois a Bíblia diz, e todo mundo sabe, que o sol gira em torno da terra. Ou você muda de opinião ou a morte será o seu castigo".

Galileu, mesmo em idade avançada, doente e moribundo, devia ser um homem imensamente belo, um homem com senso de humor. Ele disse, "Sua Santidade, não há problema. Eu posso escrever o que está dizendo. Só quero deixar claro uma coisa — o que eu escrevi não vai ser lido nem pelo sol nem pela terra. Eles continuarão como sem-

152   LIBERDADE

pre, como sempre foram. A terra continuará girando em torno do sol. Vocês podem queimar o meu livro ou eu posso mudar o parágrafo".

O papa disse, "Você muda o parágrafo".

Ele mudou o parágrafo e escreveu, "De acordo com a Bíblia e de acordo com o papa e de acordo com a humanidade comum, parece que o sol gira em torno da terra". E, numa nota de rodapé, ele escreveu, "A verdade é justamente o contrário. Não posso fazer nada — não posso convencer a terra e o sol a seguir a Bíblia. Eles não são cristãos". A nota de rodapé foi descoberta só depois da morte de Galileu; do contrário, ele seria crucificado pelos cristãos — que continuam a fazer o maior estardalhaço por causa da crucificação de Jesus.

Eu estava conversando com um dos mais influentes missionários da Índia, Stanley Jones, e perguntei a ele, "O que você pensa disso? Por que o papa foi tão insistente? Se a ciência havia descoberto, a Bíblia devia ter sido corrigida".

Stanley Jones me disse, "Isso podia ter grandes implicações. Se uma afirmação da Bíblia está errada, então que garantia há de que outras afirmações também não estejam?" A Bíblia é um livro sagrado, que veio diretamente de Deus. Nada pode ser mudado, nada pode ser editado, nada pode ser acrescentado. Mas, nos últimos trezentos anos, o homem descobriu muitas coisas que contradizem a Bíblia".

Na verdade, à medida que a sua consciência se desenvolve, você descobre que o que foi escrito dois mil anos atrás, ou cinco mil anos atrás, tem de ser continuamente aperfeiçoado. Novas edições têm de ser produzidas. Mas o que falta nas religiões é coragem — coragem para ficar do lado da verdade. E não são só os cristãos, o mesmo acontece com os hindus, com os muçulmanos, com os judeus, com os budistas, com os jainistas. Não há nenhuma diferença na mentalidade deles.

O homem com liberdade está livre do passado. E o homem com liberdade também está livre do futuro, pois você não sabe o que acontecerá daqui a pouco. Como pode continuar desejando...?

Epílogo

153

Um velho está morrendo. Os seus quatro filhos, que moravam em casas diferentes, eram extremamente ricos. Ao saber que o pai estava morrendo, apressaram-se para vê-lo.

O pai estava morrendo, dando o seu último suspiro no leito de morte, e os filhos, sentados ao lado da cama, começaram a discutir sobre quem levaria o corpo do pai ao cemitério. A preocupação deles não era o pai — dali a alguns minutos ele já teria ido, para sempre; não havia possibilidade de que ele os encontrasse ou os reconhecesse outra vez, mas a preocupação não era essa. A preocupação era, "Quando ele morrer, como vamos transportar o corpo?"

O caçula sugeriu, "Ele sempre quis ter um Rolls Royce. E ele tem dinheiro para isso, nós temos dinheiro para isso; não há necessidade de ele sofrer e reprimir esse desejo inocente. Então deveríamos pelo menos trazer um Rolls Royce para transportar o corpo ao cemitério. Ele não teve o carro em vida, mas pelo menos na morte ele terá um Rolls Royce".

O segundo filho disse, "Você é muito jovem e não entende as questões de dinheiro. Será um gasto desnecessário. Ele está morto — se o levarmos num Rolls Royce ou num caminhão não fará diferença para ele. Ele não vai saber, então para que gastar dinheiro?" Alugar um Rolls Royce também não sairia muito caro. Não seria o caso de comprá-lo. Ele disse, "Minha sugestão é que um caminhão barato serviria tão bem quanto qualquer Rolls Royce — para os mortos dá no mesmo".

O terceiro filho disse, "Você também é muito imaturo. Por que se incomodar em arranjar um caminhão se o serviço sanitário municipal leva, de graça, qualquer mendigo que morre por aí? Basta colocarmos o corpo dele na rua! Pela manhã, o caminhão municipal, com todo tipo de lixo, o levará de graça. Vamos oferecer a ele um passeio gratuito! E o que importa para um homem morto se ele está num caminhão municipal, num caminhão alugado ou num Rolls Royce?"

E nesse exato momento o velho abriu os olhos e disse, "Onde estão os meus sapatos?" Os filhos ficaram intrigados, "O que vai fazer com os seus sapatos? Você vai morrer".

Ele disse, "Ainda estou vivo e tenho algumas forças. Tragam os meus sapatos; eu andarei até o cemitério. É o jeito mais barato e sensato. Vocês são todos uns extravagantes, seus esbanjadores".

As pessoas podem ter dinheiro e o dinheiro se tornar o seu grilhão. As pessoas podem ter prestígio e o prestígio se tornar o seu grilhão. Parece que todo o passado da humanidade tem sido aperfeiçoar o modo de fazer correntes melhores, mas, mesmo que uma corrente seja feita de ouro, ela ainda é uma corrente. A liberdade externa é só o modo como os políticos enganam continuamente toda a humanidade.

A liberdade é uma questão individual. É totalmente subjetiva. Se você se livrar de todo o lixo do passado e de todos os desejos e ambições para o futuro, neste exato momento você é livre — assim como um pássaro voando, todo o céu é seu. Talvez nem mesmo o céu seja o limite.

Mas o homem está de tal modo enamorado da sua própria infelicidade que ele não consegue entender a idéia de liberdade — porque ser livre é ficar livre da infelicidade. E parece que o homem tem medo de ser livre. Ele quer um pai no céu, pelo menos para poder fazer reclamações e preces. Ele precisa de um pai no céu como Deus, para tomar conta dele. Sem Deus no céu, ele se sente como uma criança perdida. Trata-se de uma fixação no pai, do ponto de vista psicológico. Como você precisa da figura de um pai, você inventou um Deus que toma conta de você. Trata-se uma invenção sua — de um certo modo você cultua a si mesmo, de uma forma indireta. Teria sido mais simples pegar um espelho, ficar diante dele e, com as mãos postas, repetir qualquer tipo de prece — em hebraico, sânscrito, árabe, grego, latim. Não use a língua que você conhece, pois quando você conhece a língua as suas preces parecem muito comuns. Quando não conhece a língua, fica mais místico.

O seu culto é como escravos louvando o tirano que reduziu a sua humanidade à escravidão. E ele pode matá-los a qualquer momento, pois o escravo é um bem, não uma pessoa. Milhares de anos dos mais variados tipos de escravidão fizeram com que você ficasse com muito medo de ser livre — que é o seu direito nato e a sua bênção suprema. Os seus chamados templos e sinagogas e mesquitas e igrejas não são símbolos de liberdade, são símbolos da sua escravidão, dos seus tiranos mortos. Mas até as pessoas mais inteligentes continuam fazendo o mesmo. A cegueira do homem parece não ter limites.

Portanto, durante milhares de anos, se você esteve acorrentado, algemado, passou a acreditar que esses eram ornamentos, que essa era a vontade de Deus. Os seus pais não podem ser os seus inimigos. Se eles levam você à igreja ou ao templo, fazem isso porque amam você. Mas, na realidade, eles levam você lá porque também eram levados pelos pais deles. Trata-se de um processo robótico, mecânico. E, muito lentamente, a escravidão penetrou no seu sangue, nos seus ossos, na sua própria essência.

Então, se alguém fala mal de Krishna, imediatamente você fica pronto para brigar; estão falando mal do seu Deus — que nada mais é do que a sua escravidão. Se alguém fala mal de Jesus, imediatamente você fica furioso; essa pessoa está falando mal do seu Deus — mas ele só está falando mal das suas correntes.

Essa é a razão por que tenho sido condenado por todos os países do mundo, por todas as religiões do mundo — porque estou falando mal da escravidão deles. Essa escravidão é educada, enfeitada e eles viveram nela a vida toda. Os seus pais e os pais dos seus pais... um longo rol de escravos. Como podem jogar fora a sua herança? Você herdou nada mais do que escravidão. E, mesmo que você não a leve a sério, ela ainda é séria.

Eu ouvi... três rabinos conversando sobre as suas sinagogas. O primeiro rabino disse, "A minha sinagoga é a mais avançada porque, lá, enquanto estou fazendo o sermão, as pessoas podem fumar, fofocar, conversar. Dou a elas total liberdade".

Os outros dois rabinos riram. O segundo disse, "Você chama isso de avanço? Vá à minha sinagoga. Eu dou a eles liberdade para beber bebidas alcoólicas e, quando ficam bêbados, eles falam alto, gritam, brigam, mas eu continuo fazendo o meu discurso. Isso é liberdade".

Numa sinagoga, homens e mulheres não podem se sentar juntos; há uma cortina separando-os. E o segundo rabino também disse, "A cortina foi tirada. Agora homens e mulheres se sentam juntos. Eu nem sequer interfiro... se é a sua mulher que está sentada com você ou não. Até namorados têm permissão para fazer todo tipo de demonstração de carinho — beijam-se abraçam-se — e o meu discurso continua. Entramos na era da liberdade".

O terceiro rabino disse, "Vocês são dois idiotas. Deviam ir algum dia à minha sinagoga. Eu coloquei um quadro na frente da sinagoga dizendo que ela estará fechada nos dias de feriado judaico. Isso é liberdade. Por que desperdiçar o tempo das pessoas? Pelo menos nos feriados deixemos que tenham todo tipo de lazer que quiserem".

Mas essas coisas não são liberdade. Eles ainda são judeus. A menos que você deixe de lado o seu judaísmo, o seu hinduísmo, o seu islamismo, a menos que você se purifique totalmente do passado, a menos que você não seja mais dominado pelos que já morreram e não esteja mais encantado com o futuro imprevisível, você não é livre. A liberdade é aqui e agora — não está nem no ontem nem no amanhã, mas neste exato momento.

Um homem de entendimento desoprime a si mesmo. E todas as correntes que têm pesado muito no seu coração — embora ele já tenha se acostumado a esse peso — desaparecem.

Epílogo 157

Estou dizendo isso a você com conhecimento de causa, pois foi o que eu vivi. No momento em que as suas correntes desaparecem, você começa a criar asas para voar no céu. Então todo o céu, coalhado de estrelas, é seu.

Mas lembre-se: O próprio desejo de liberdade pode ser um grilhão. Todos os desejos agrilhoam você; a liberdade não é uma exceção... pela simples razão de que todos os desejos residem no futuro. A pessoa que está realmente livre não sabe nada nem sobre a escravidão nem sobre a liberdade, ela desfruta da sua liberdade. Essa é a própria qualidade do seu ser.

Todas as metas estão fatalmente no futuro e todos os desejos de realização futura não passam de algo que encobre a sua infelicidade no presente. Os seus amanhãs continuam a lhe fazer promessas — "É só um dia, ele passará; amanhã eu serei livre". Mas o amanhã nunca vem, nunca veio. Você nunca será livre. O amanhã é só um consolo. Em vez de lhe trazer liberdade, ele vai lhe trazer a morte. E todos os dias da sua vida, você viverá como um escravo, pois você nunca se importou com o presente.

Digo a você que o presente é a única realidade que existe. O futuro é a sua imaginação e o passado é a sua memória. Eles não existem. O que existe é o momento presente. Ficar alerta no presente, tirar a sua consciência do passado e do futuro e concentrá-la no presente é conhecer o gosto da liberdade.

Mas parece que o homem caiu nessa armadilha. Ele já não é tão livre quanto os pássaros no céu ou os animais selvagens da floresta. Existem muitos grilhões em torno dele e ele os aceitou.

Na verdade, qual é a sua preocupação neste momento? O que o deixa ansioso neste exato momento? O que o angustia neste exato momento? Nesse silêncio, você é absolutamente livre.

Se você ficou o dia inteiro agitado e preocupado, suspirando e desejando algo e sentindo-se frustrado, as suas noites serão um pesa-

158 LIBERDADE

delo. Mas se você vive cada momento na sua totalidade, com intensidade, com a totalidade do seu ser, as suas noites serão calmas e silenciosas, relaxadas e pacíficas. Nem sequer um sonho perturbará você, pois os sonhos são frutos de uma vida insatisfeita, de uma vida reprimida.

Os psicólogos ocidentais não entenderam nada — principalmente os psicanalistas; eles continuam analisando os sonhos das pessoas sem se importar com a fonte. A fonte está nas suas horas de vigília —, mas você está tão acorrentado, tão preso à sua religião, à sua moralidade, à sua etiqueta, aos seus modos, que não consegue viver. Todos esses momentos não-vividos voltarão para você quando estiver dormindo, pois qualquer coisa não vivida se esgueira para o seu inconsciente. Se você estiver vivendo plenamente...

Freud ficaria muito surpreso ao saber, se ele tivesse ido ao Oriente e visitado os aborígines que vivem embrenhados na floresta... Eu os visitei e o mais surpreendente é que eles não sonham. Eles conhecem a real profundidade e tranqüilidade da vida. Naturalmente, pela manhã eles estão mais vivos, mais rejuvenescidos, mais revigorados para enfrentar o dia e vivê-lo novamente na sua totalidade. O homem civilizado vive em condições justamente opostas. Ele não apenas sonha à noite. A qualquer hora, sentado na sua poltrona, ele relaxa, fecha os olhos e se perde em devaneios.

Você não está vivendo. Você só está desejando viver. Está esperando viver um dia, torcendo para que esta noite não dure para sempre, que a aurora surja a qualquer momento. Mas para o escravo não existe aurora. Ele tem de viver na escuridão, sem nem sequer se dar conta de que existe algo como a luz.

Não considere a sua chamada vida como algo líquido e certo. Ela não é vida coisa nenhuma. Você tem de passar por uma revolução e essa revolução não tem nada a ver com política nenhuma, com economia nenhuma. Tem a ver com a sua espiritualidade e com a sua

Epílogo

consciência — quando o âmago do seu ser estiver cheio de luz, a sua luz exterior também começará a refleti-la.

Como os seus velhos hábitos são antigos e velhos companheiros seus, eles tentarão muitas vezes impedi-lo de ser livre. Mas você tem de estar sempre alerta para transcendê-los. Você tem de observá-los chegar e se despedir deles para sempre. Esse é, para mim, o significado básico do *sannias*. Você de repente passa a ser parte dessas lindas árvores... com lindas rosas, com grandiosas estrelas — elas são todas livres.

Com exceção do homem, não existe escravidão neste mundo. E se ver livre dessa escravidão não é difícil. Essa escravidão não está grudada em você, não se trata disso. A realidade é: você está apegado à escravidão. As suas correntes são responsabilidade sua. Você as aceitou; elas estão aí.

Plenamente consciente, diga a elas, "Adeus, vocês já ficaram comigo por tempo demais. Chega, vou embora". É preciso uma consciência simples para que você tenha liberdade, no entanto existem alguns interesses ocultos que querem preservar a sua escravidão.

Eu era professor de uma universidade e, por quase vinte dias por mês, eu ficava fora da cidade, viajando pelo país. Uma liberdade tão grande não era possível, muito embora em dez dias eu completasse o curso com os alunos. Eu perguntava a eles, "Vocês têm alguma reclamação?"

Eles diziam, "Estamos agradecidos por ver que, num curso tão pequeno, dois anos são gastos, são necessários não mais do que seis meses". Mas o vice-reitor ficou preocupado, porque todo dia constatava que eu não estava na universidade.

Eu tinha o meu próprio esquema. Costumava haver lindas árvores no campus da universidade, mas, estranhamente, todas as árvores tinham morrido. Só havia uma que ainda estava verde e dava sombra, então eu costumava parar o meu carro sob essa árvore. Todo mundo

160   LIBERDADE

sabia que ninguém mais devia parar o carro ali. Uma vez ou duas, as pessoas haviam tentado e eu tinha chamado os meus alunos para remover o carro... "É permitido estacionar em qualquer lugar, menos aqui." Portanto, sempre que eu estava fora da cidade, eu costumava mandar o meu motorista estacionar o meu carro ali e o vice-reitor, vendo da janela o meu carro sob a árvore, ficava satisfeito por ver que eu estava presente.

Um dia, ele estava dando uma volta por toda a universidade e descobriu que a minha classe estava vazia. Ele perguntou aos alunos, "Ele devia estar aqui e o carro dele está estacionado sob a árvore. Na verdade, eu sempre suspeitei: eu estive lendo os seus discursos — às vezes em Calcutá, às vezes em Amritsar, às vezes em Madras — e eu sempre ficava intrigado; o carro dele está aqui".

Eu costumava dirigir o meu carro e dizia ao meu motorista, "Tranque o carro e fique uma ou duas horas no jardim e depois leve o carro para casa".

Ele dizia, "Para que isso?"

Eu dizia, "Não se preocupe; não é problema seu".

Então, quando eu voltava de Madras um dia, o vice-reitor me chamou e perguntou, "Parece que você é o seu próprio patrão. Você nunca pede para sair e nunca nem sequer me mantém informado".

Eu disse, "Me dê apenas uma folha de papel", pedindo demissão.

Ele disse, "O que está fazendo?"

Eu disse, "Essa é a minha resposta. Os alunos estão, de algum modo, sofrendo com a minha ausência? Eles disseram a você que os cursos não estão sendo concluídos? É um completo absurdo desperdiçar dois anos desses alunos. Minha tarefa é dar o curso completo. Não importa quantos dias eu leve para fazer isso".

À noite, ele foi à minha casa e disse, "Não nos deixe".

Eu disse, "O que aconteceu, aconteceu, não posso voltar para a sua universidade porque simplesmente queimei todos os meus diplomas. Não quero pontes para o passado. Nunca mais precisarei desses diplomas. Agora eu sou um homem sem instrução".

Ele disse, "Eu não direi nada a ninguém sobre os diplomas".

Eu disse, "Não é isso o que interessa. Eu realmente queria me demitir, mas estava simplesmente esperando — isso devia partir de você, não de mim".

O meu pai ficou preocupado, os meus amigos ficaram preocupados. Os meus alunos me procuraram dizendo, "Por favor, desista de pedir demissão".

Eu disse, "Isso é impossível. Não tenho mais qualificações para ser professor de vocês".

O meu pai me disse, "Mesmo que tenha pedido demissão, por que tinha de queimar todos os seus diplomas e qualificações?"

Eu dizia, "Para que guardá-los? Isso significa que, lá no fundo, o desejo ainda existe... talvez você possa precisar deles, apegar-se a eles. Eu agora estou livre de toda aquela educação, que nada me acrescentou. Eles não são diplomas, são feridas — e eu não quero carregar essas feridas comigo para sempre".

Depois de dois anos, o vice-reitor me perguntou, "Você podia vir pelo menos de vez em quando e fazer palestras para toda a universidade?" Então eu fui. Ele me levou até a sala dele, para a janela de onde ele costumava ver o meu carro. E disse, "Um estranho fenômeno — só aquela árvore era verde. Agora ela também está morta".

Eu disse, "A vida é misteriosa. Talvez a árvore tenha caído de amores por mim, porque durante nove anos o meu carro ficou parado lá e eu me afeiçoei muito a ela". Não era simplesmente uma questão de parar o carro sob ela, eu sempre agradecia àquela árvore. De vez em quando, nas ocasiões em que o meu motorista estava comigo, enquanto eu estava sentado no banco de trás, ele dizia, "O senhor está mesmo maluco — agradecendo à árvore?"

162   LIBERDADE

Eu dizia, "A árvore é muito amorosa. De toda a fileira de árvores, é a mais bonita" — é um *gulmarg*, com flores vermelhas. Quando chega a primavera, você mal consegue ver as folhas; são tantas flores que a árvore fica toda vermelha. Árvores da mesma espécie tinham morrido todas, mas ela continuara viva comigo, durante nove anos. Agora outra pessoa pára o carro ali, mas talvez ela nunca tenha se importado em agradecer à árvore, em mostrar a sua gratidão por ela.

No momento em que estiver livre do passado e do futuro, sentado simplesmente ao lado de uma árvore, sussurre algo para a árvore e logo você saberá que ela responde. Evidentemente, a resposta dela não será em palavras; talvez ela lhe mostre·as suas flores; talvez ela dance com o vento. Se você estiver sentado bem perto, com as costas contra o tronco, você começará a sentir uma sensação diferente que nunca sentiu antes. A árvore estará vibrando com amor para você.

Toda esta existência está repleta de amor, repleta de liberdade — exceto o infeliz do ser humano. E ninguém é responsável por isso, exceto ele mesmo. E não é uma questão de ir deixando aos poucos de lado aquelas coisas que o fazem infeliz. Muitas pessoas me procuravam e diziam, "Entendemos você; aos poucos deixamos de ser infelizes". Mas a escravidão nunca é abandonada aos poucos; ou você entendeu e é livre ou não entendeu e está simplesmente fingindo que entendeu.

A liberdade não vem em fragmentos, assim como a escravidão não vem em fragmentos. Quando você ilumina um cômodo escuro, não passa a enxergá-lo? A escuridão não vem em fragmentos? Uma partezinha, depois outra, em fila, até sair pela janela? Ou a luz chega em fragmentos? Uma luzinha, depois outra e mais outra? Não, no momento em que você acende a luz, a escuridão desaparece.

O próprio entendimento do que é a liberdade faz de você uma pessoa livre. Não é uma questão de tempo ou de graduação.

Não há outro jeito senão deixar para trás todas as correntes. Todas aquelas correntes que você começou a criar à sua volta já na infân-

Epílogo   *163*

cia. Talvez em nome da obediência, do amor pelos pais, da confiança nos sacerdotes, do respeito pelos professores — belos nomes. Lembre-se sempre de tirar o rótulo e ver qual é o conteúdo; você ficará surpreso: a escravidão é vendida a todas as crianças sob os mais lindos nomes. Será difícil você se livrar dela se não perceber que não é à escravidão que você está apegado, mas ao rótulo que deram a ela.

Era uma luta constante com o meu pai. Ele era um homem afetuoso, muito compreensivo, mas ainda assim dizia, "Você tem de fazer isso". E a minha resposta sempre era, "Você não pode me dizer isso, 'Você tem de fazer isso'; só pode sugerir, 'Se quiser, você pode fazer isso; se não quiser, tudo bem'. A decisão final é minha, não sua. Eu sou obediente com relação à verdade, com relação à liberdade. Posso sacrificar tudo pela verdade, pela liberdade, pelo amor, mas não por qualquer escravidão. As suas 'ordens' fedem a escravidão."

Logo ele entendeu que eu não era nem obediente nem desobediente. Eu não dizia, "Não farei", eu simplesmente dizia, "Não me dê ordens. Me dê liberdade para decidir se quero dizer 'Sim' ou 'Não' e não se sinta ofendido se eu disser 'Não'.

"Trata-se da minha vida, eu tenho de vivê-la e tenho todo o direito de vivê-la à minha própria moda. Você é muito mais experiente; pode sugerir, pode aconselhar, mas ordens eu não aceito de ninguém. Seja qual for o preço, seja qual for a conseqüência, ordens eu não aceito de ninguém."

E aos poucos, muito lentamente, ele desistiu de me dar ordens. Começou a dizer, "Aconteceu um problema. Se achar razoável, você pode me ajudar; se não estiver disposto, você é quem decide".

Eu dizia, "É assim que deve ser o amor de verdade".

O que você chama de liberdade? — na maioria das vezes a liberdade política, econômica, exterior, que não está nas suas mãos, que alguém concede a você. Essa podem tirar de você. Só a liberdade que cresce interiormente não pode ser tirada de você.

164 LIBERDADE

A vida do ser humano é curta. Seja decisivo com relação a ela: Você tem de ser livre na sua alma, pois essa é a única liberdade que existe.

O homem nasce com uma alma, mas não com um eu.

Embora todos os dicionários afirmem que essas duas palavras, "alma" e "eu", são sinônimas, isso não é verdade. A alma você traz com você. O eu é criado pela sociedade como um substituto, para que você não sinta falta da sua identidade, pois a busca pela alma pode exigir muitos anos de peregrinação, de busca, de exploração, e será impossível suportar o anonimato, o vazio, o fato de não ser ninguém.

A intenção de criar um eu nasceu do amor, para que, desde o início, você começasse a sentir que existe; do contrário, como você iria viver? Como se dirigiriam a você? As pessoas que tiveram a idéia do eu estavam cheias de boas intenções, mas como elas mesmas não tinham nenhuma idéia a respeito das suas próprias almas, elas criaram um falso eu e morreram como um eu criado. Nunca vieram a saber como a existência as fez e para quê.

A sua alma faz parte da existência. O seu eu é uma instituição social. Portanto, a primeira coisa a lembrar é que a distinção entre eles é instransponível. Se você quiser investigar e descobrir quem realmente é, você terá de passar pela mudança radical de destruir o próprio eu. Se não destruir o eu e, por acaso, vier a descobrir a alma, você não será uno. Isso é o que os psicólogos chamam de "esquizofrenia". Você estará dividido. Às vezes se comportará como o eu e às vezes como a alma. Você ficará numa tensão constante. A sua vida será simplesmente angústia e preocupação — e é impossível viver desse jeito. Por isso a sociedade, o sistema educacional, os pais, o sacerdote — todo mundo à sua volta — tenta, de todas as maneiras, criar um eu tão forte que você nunca consiga tomar consciência da sua alma oculta.

A jornada não é longa, mas certamente é bem difícil. O eu não é uma coisa simples — ele é muito complexo. Você é professor, médico, advogado, presidente; você é bonita, muito culta, rica, ambicio-

Epílogo 165

sa — todas essas são dimensões do eu. E o eu continua a acumular mais dinheiro, mais poder, mais prestígio, mais respeitabilidade — a sua ambição nunca se satisfaz. Você nunca pára de criar mais e mais camadas para o seu eu.

Essa é a miséria do homem, a sua principal infelicidade. O homem não sabe quem ele é, embora continue acreditando que ele é isso ou aquilo. Se você é médico, essa é a sua função, não é a sua realidade; se você é presidente, essa é a sua função, assim como a função do outro é fabricar sapatos. Nem o sapateiro conhece o seu eu nem o primeiro-ministro conhece o seu verdadeiro eu. Os pais começam desde o princípio, desde o primeiro dia de vida... e esse ego, esse eu falso, seja lá como você o chame, quase se torna a sua realidade e a verdadeira é esquecida.

A palavra "pecado" é muito significativa — não no sentido que os cristãos a usam, não no sentido que ela é entendida no mundo todo, mas, na sua própria raiz, essa palavra tem um significado completamente diferente. Ela significa esquecimento. Ela não tem nada a ver com as suas ações, tem a ver com a sua realidade que você esqueceu.

Como você esqueceu a sua realidade e está vivendo com um substituto falso, todas as suas ações são hipócritas. Você sorri, mas o seu sorriso não vem do coração. Você chora, soluça, mas as suas lágrimas são muito superficiais. Você ama, mas o seu amor não está enraizado no seu ser. Todas as suas ações são como se você fosse sonâmbulo — uma pessoa que anda enquanto dorme.

Aconteceu em Nova York de um sonâmbulo... Existem tantas pessoas sonâmbulas que você não acreditaria — dez por cento de toda a humanidade. Elas se levantam à noite, vão até a geladeira; comem algo que o médico as proibiu de comer, pois estão ficando cada vez mais gordas e provocando a sua própria morte, suicidando-se lentamente. Durante o dia, de algum modo, elas conseguem se conter, mas, à noite, a mente consciente adormece profundamente e o inconsciente não

166   LIBERDADE

perde a oportunidade. Ela conhece o caminho — e essas pessoas andam com os olhos fechados; nem mesmo a escuridão as confunde.

Elas estão preocupadas, o médico delas está preocupado, a família está preocupada: "Reduzimos a sua comida, tiramos o açúcar e você continua gordo!" E eles também ficam preocupados ao ver que as coisas continuam a sumir da geladeira. E você não pode responsabilizar a pessoa, pois ela não se lembra de nada pela manhã.

Esse caso de Nova York ficou famoso no mundo inteiro. Esse homem morava no último andar de um edifício de cinco andares. À noite ele se levantava, ia para o terraço e saltava para outro prédio que ficava ao lado. A distância era tão grande que ninguém ousaria, em sã consciência, dar aquele salto — e ele fazia aquilo todas as noites!

Logo as pessoas descobriram e começaram a se juntar embaixo para vê-lo, pois era quase um milagre. A multidão começou a ficar cada vez maior e, um dia, quando o homem estava prestes a pular, a multidão começou a gritar alto, chamando a atenção dele. Isso o acordou. Mas era tarde demais — ele já tinha pulado. Não conseguiu chegar ao outro terraço — embora tivesse feito isso noite após noite, depois voltado, ido para o quarto e dormido. Mas, como ficou consciente, ele viu o que estava fazendo. Mas já tinha dado o pulo. Caiu do quinto andar e o seu corpo se estatelou no chão.

O seu falso eu é o seu sono. A alma é o seu despertar.

Para manter o eu, a sociedade impôs a você certas regras e disciplinas. Por exemplo, fazem com que toda criança pequena fique ambiciosa. Ninguém diz a ninguém: "Seja você mesmo". Dão a todos um grande ideal: "Seja como Gautama Buda, como Jesus Cristo ou como Albert Einstein, mas seja alguém! Não se contente em continuar sendo quem é — você não é nada". O seu eu precisa de muitos graus, precisa de reconhecimento, honra. Esses são o alimento dele; é do que ele vive. E até as pessoas que renunciam ao mundo — tornam-se saniasins, monges — não renunciam ao eu. É fácil renunciar ao mundo;

Epílogo

difícil é renunciar ao eu, pois você não sabe nada sobre si mesmo. Você sabe qual é o seu negócio, sabe a educação que teve, sabe o seu nome — e sabe perfeitamente bem que chegou aqui sem nome. Chegou como uma *tabula rasa*; com nada escrito em você, e seus pais, professores e sacerdotes começaram a escrever em você todo.

Você continua acreditando no seu eu a vida toda. Ele é muito suscetível, pois é muito delicado — delicado no sentido de falso. É por isso que a pessoa egocêntrica é muito melindrosa.

Eu costumava caminhar pela manhã quando dava aulas na universidade. Eu não fazia idéia de quem ele era, mas havia um senhor e só por causa de sua idade eu costumava lhe dizer "Bom-dia" — e éramos só nós dois àquela hora da manhã, três da manhã. Um dia eu esqueci de lhe dizer bom-dia e ele disse, "Ei, esqueceu?"

Eu disse, "Isso é estranho! Não sei quem você é; só por uma questão de cortesia para com um homem mais velho, da idade do meu avô, eu lhe digo bom-dia. Mas não há nenhum contrato que me obrigue a fazer isso todos os dias". Ele estava cobrando porque aquilo satisfazia uma parte do seu eu. Eu não tinha idéia de quem ele era, mas ele sabia muito bem quem eu era e ficou sentido quando eu não lhe disse "Bom-dia, senhor".

Eu disse, "Não darei mais bom-dia a você — nem a mais ninguém — só por cortesia, pois estou envenenando a sua mente".

Você já pensou nisso? Você chegou a este mundo sem nome, mas se alguém diz algo contra o seu nome você logo quer brigar — sem nem sequer pensar que você chegou a este mundo sem nome; esse nome que você tem é um rótulo falso. Você não tem nenhum nome — o anonimato é a sua realidade.

As pessoas que renunciam ao mundo são adoradas como se fossem santos, mas ninguém vê que o ego delas fica até mesmo mais sutil, mais forte do que antes. Ouvi dizer que havia três mosteiros cristãos no alto das montanhas e, um dia, três monges, um de cada mosteiro, encontraram-se na estrada por acaso. Eles estavam cansados — estavam voltando da cidade — então pararam para descansar sob uma árvore. O primeiro monge disse, "Tenho orgulho do meu mosteiro. Nós podemos não ser tão cultos quanto as pessoas que vivem nos mosteiros de vocês, mas elas não podem competir conosco no que diz respeito à austeridade".

O segundo monge riu. Ele disse, "Esqueça tudo sobre austeridades! — a austeridade nada mais é do que torturar a si mesmo. O que interessa é o conhecimento que se tem das antigas escrituras. Ninguém pode competir conosco. O nosso mosteiro é o mais antigo, nós temos todas as escrituras e o nosso pessoal é o mais instruído. Que dizer de austeridades? — que vocês jejuam, que não comem à noite, que só comem uma vez por dia. Quem se importa? — até um idiota pode fazer todas essas coisas. Mas que tipo de sabedoria ganham com isso?"

O terceiro monge ouvia silenciosamente. Ele disse, "Vocês dois podem estar certos. Um vive de um jeito muito duro e penoso, sacrificando o corpo; e o outro também pode estar certo — o seu pessoal é composto de grandes eruditos".

Ambos perguntaram, "Mas e você e o seu mosteiro?"

Ele disse, "O que tem eu e o meu mosteiro? Somos o supra-sumo da humildade".

O supra-sumo da humildade! É tão difícil... Agora eles cobriram o próprio eu com vestes religiosas. Ele ficou mais forte. Por isso eu digo que até os pecadores podem alcançar as praias da vida, menos os santos...pois o pecador sabe que ele não vive nem em austeridade, nem é instruído, nem é humilde; ele é só uma pessoa comum que nada sabe. E talvez ele seja a pessoa mais religiosa, porque ele é menos do que um eu e está mais próximo da alma.

A verdadeira liberdade não é nem política, nem econômica, nem social; a verdadeira liberdade é espiritual. Se não fosse assim, então Ramakrishna não poderia ter se transformado no que se transformou

Epílogo

— uma luz para si mesmo —, pois na época a Índia estava sob o açoite dos governantes da Coroa Britânica. Então Ramana Maharshi não teria sido a glória que foi, o silêncio, a bênção que foi, pois o imperialismo britânico ainda escravizava o país.

A liberdade espiritual não pode ser tirada.

O seu eu pode ser escravizado, mas não a sua alma. O seu eu pode ser vendido, mas não a sua alma. Se você quer conhecer a sua verdadeira liberdade, terá de continuar a se livrar de fragmentos do seu eu — esquecendo que você é um brâmane e não um sudra; esquecendo que é cristão e não um ser humano simplesmente; esquecendo qual é o seu nome — sabendo que ele é só uma utilidade comum, mas não a sua realidade; esquecendo todo o seu conhecimento — sabendo que ele todo é emprestado, não se trata da sua própria experiência, da sua própria realização.

O mundo todo pode estar cheio de luz, mas lá no fundo você está vivendo na escuridão. Para que o mundo está cheio de luz, se você não tem nem uma pequena chama dentro de você, tentando entender aos poucos que tudo aquilo que tem sido acrescentado ao seu ser, depois que nasceu, não é a sua verdadeira realidade?

À medida que os fragmentos do eu desaparecem, você começa a ficar mais consciente de um céu enorme, tão vasto quanto o céu lá fora..., pois a existência está sempre em equilíbrio. O exterior e o interior estão em harmonia e em equilíbrio. O seu eu não é aquele que está confinado dentro do seu corpo; a sua verdadeira alma é aquela que não pode ser queimada, mesmo que o seu corpo seja queimado.

Krishna está certo ao dizer que "Nenhuma arma pode me atingir e nenhum fogo me queimar". Ele não está falando do corpo, do cérebro, do eu — eles serão destruídos —, mas existe algo dentro de você que é indestrutível, imortal, eterno. Isso estava com você antes do seu nascimento e ficará com você depois que nascer, pois é você, o seu ser essencial.

Saber disso é ser livre, livre de todas as prisões; as prisões do corpo, as prisões da mente, as prisões que existem fora de você.

Viva simplesmente a sua vida com o máximo de alegria e celebração, como uma dádiva da existência. Dance com as árvores ao sol, na chuva, no vento. Nem as árvores têm escrituras, nem os animais têm escrituras, nem as estrelas têm escrituras, nem tem nenhum santo. Com exceção do homem, ninguém tem obsessão pela morte. Essa obsessão eu chamo de um dos maiores erros que já foram cometidos durante milhares de anos. É hora de detê-lo por completo.

Para cada nova geração, deixe o espaço livre para a busca, para a descoberta da verdade, pois descobrir a verdade é menos delicioso do que procurá-la. A peregrinação é muito mais importante que chegar ao templo. Ensine a essas novas gerações que não existe valor mais elevado do que a liberdade de viver e a liberdade de expressão. Torne-as capazes... diga que, se for preciso, é melhor morrer do que aceitar qualquer tipo de escravidão.

Mas isso não tem sido feito. E, a menos que seja feito, você não pode salvar o mundo dos Adolf Hitlers, dos Joseph Stalins, dos Mao Tse-tungs, dos Ronald Reagans — você não pode salvar o mundo dos tiranos, dos ditadores. Na verdade, lá no fundo você os quer. Lá no fundo você quer alguém que dite os termos e o estilo da sua vida. Você tem muito medo de cometer erros, pois, se for livre, naturalmente cometerá erros. Mas, lembre-se, assim é a vida.

Você cairá muitas vezes. Não há nada de mal. Levante-se novamente e aprenda a não cair. Fique mais alerta. Você cometerá erros, só não cometa o mesmo erro novamente. É assim que você fica sábio. É assim que a pessoa se torna um indivíduo, orgulhoso como um cedro elevando-se em direção ao céu e alcançando as estrelas.

Não seja um pigmeu. Procure alcançar toda a elevação de que é capaz.

Epílogo

E eu lhe digo que não existe ninguém neste mundo que não tenha nascido com uma certa capacidade da qual possa se orgulhar, que não esteja prenhe de algo para produzir, para dar à luz alguma coisa nova e bela, para fazer com que a existência fique mais rica. Não existe nem uma única pessoa que venha para este mundo vazia.

Você já viu as crianças quando nascem? As mãos delas estão fechadas. Uma mão fechada, um punho, é um mistério: ninguém sabe o que está escondido ali dentro. E você já viu um homem morto? Quando alguém morre... você já viu um cadáver com a mão fechada? É impossível. O homem morre com a mão aberta, vazia, sem forças. Essas são apenas metáforas. Estou dizendo que a criança nasce cheia de possibilidades — ela não precisa ter inveja de ninguém.

À medida que transcende o falso eu, você de repente descobre um céu que não tem limites. Alguns o chamam de Deus, alguns o chamam de Brahma, mas a melhor palavra é usada por Mahavira e Gautama Buda; eles a chamam de *moksha*. *Moksha* significa "liberdade" — liberdade de tudo o que restringe você, liberdade de tudo o que é falso, liberdade de tudo o que vai morrer. Quando você fica livre de tudo o que é falso e mortal, imediatamente as portas da imortalidade se abrem para você.

Faço votos que nenhum de vocês perca essa dança, essa canção, essa música da eternidade.

SOBRE OSHO

Osho desafia categorizações. Suas milhares de palestras abrangem desde a busca individual por significado até os problemas sociais e políticos mais urgentes que a sociedade enfrenta hoje. Seus livros não são escritos, mas transcrições de gravações em áudio e vídeo de palestras proferidas de improviso a plateias de várias partes do mundo. Em suas próprias palavras, "Lembrem-se: nada do que eu digo é só para você... Falo também para as gerações futuras".

Osho foi descrito pelo *Sunday Times*, de Londres, como um dos "mil criadores do século XX", e pelo autor americano Tom Robbins como "o homem mais perigoso desde Jesus Cristo". O jornal *Sunday Mid-Day*, da Índia, elegeu Osho – ao lado de Buda, Gandhi e o primeiro-ministro Nehru – como uma das dez pessoas que mudaram o destino da Índia.

Sobre sua própria obra, Osho afirmou que está ajudando a criar as condições para o nascimento de um novo tipo de ser humano. Muitas vezes, ele caracterizou esse novo ser humano como "Zorba, o Buda" – capaz tanto de desfrutar os prazeres da terra, como Zorba, o Grego, como de desfrutar a silenciosa serenidade, como Gautama, o Buda.

Como um fio de ligação percorrendo todos os aspectos das palestras e meditações de Osho, há uma visão que engloba tanto a sabedoria perene de todas as eras passadas quanto o enorme potencial da ciência e da tecnologia de hoje (e de amanhã).

Osho é conhecido pela sua revolucionária contribuição à ciência da transformação interior, com uma abordagem de meditação que leva em conta o ritmo acelerado da vida contemporânea. Suas singulares meditações ativas **OSHO** têm por objetivo, antes de tudo, aliviar as tensões acumuladas no corpo e na mente, o que facilita a experiência da serenidade e do relaxamento, livre de pensamentos, na vida diária.

Dois trabalhos autobiográficos do autor estão disponíveis:

Autobiografia de um Místico Espiritualmente Incorreto, publicado por esta mesma Editora.

Glimpses of a Golden Childhood (Vislumbres de uma Infância Dourada).

OSHO INTERNATIONAL MEDITATION RESORT

Localização
Localizado a cerca de 160 quilômetros a sudeste de Mumbai, na florescente e moderna cidade de Puna, Índia, o **OSHO** International Meditation Resort é um destino de férias diferente. Estende-se por 28 acres de jardins espetaculares numa bela área residencial cercada de árvores.

OSHO Meditações
Uma agenda completa de meditações diárias para todo tipo de pessoa, segundo métodos tanto tradicionais quanto revolucionários, particularmente as Meditações Ativas **OSHO**®. As meditações acontecem no Auditório **OSHO**, sem dúvida o maior espaço de meditação do mundo.

OSHO Multiversity
Sessões individuais, cursos e *workshops* que abrangem desde artes criativas até tratamentos holísticos de saúde, transformação pessoal, relacionamentos e mudança de vida, meditação transformadora do cotidiano e do trabalho, ciências esotéricas e abordagem "Zen" aos esportes e à recreação. O segredo do sucesso da **OSHO** Multiversity reside no fato de que todos os seus programas se combinam com a meditação, amparando o conceito de que nós, como seres humanos, somos muito mais que a soma de nossas partes.

OSHO Basho Spa
O luxuoso Basho Spa oferece, para o lazer, piscina ao ar livre rodeada de árvores e plantas tropicais. Jacuzzi elegante e espaçosa, saunas, academia, quadras de tênis... tudo isso enriquecido por uma paisagem maravilhosa.

Cozinha

Vários restaurantes com deliciosos pratos ocidentais, asiáticos e indianos (vegetarianos) – a maioria com itens orgânicos produzidos especialmente para o Resort **OSHO** de Meditação. Pães e bolos são assados na própria padaria do centro.

Vida noturna

Há inúmeros eventos à escolha – com a dança no topo da lista! Outras atividades: meditação ao luar, sob as estrelas, shows variados, música ao vivo e meditações para a vida diária. Você pode também frequentar o Plaza Café ou gozar a tranquilidade da noite passeando pelos jardins desse ambiente de contos de fadas.

Lojas

Você pode adquirir seus produtos de primeira necessidade e toalete na Galeria. A **OSHO** Multimedia Gallery vende uma ampla variedade de produtos de mídia **OSHO**. Há também um banco, uma agência de viagens e um Cyber Café no *campus*. Para quem gosta de compras, Puna atende a todos os gostos, desde produtos tradicionais e étnicos da Índia até redes de lojas internacionais.

Acomodações

Você pode se hospedar nos quartos elegantes da **OSHO** Guesthouse ou, para estadias mais longas, no próprio *campus*, escolhendo um dos pacotes do programa **OSHO** Living-in. Há além disso, nas imediações, inúmeros hotéis e *flats*.

http://www.osho.com/meditationresort
http://www.osho.com/guesthouse
http://www.osho.com/livingin

LIBERDADE

Para maiores informações: http://www.**OSHO**.com

Um *site* abrangente, disponível em vários idiomas, que disponibiliza uma revista, os livros de Osho, palestras em áudio e vídeo, **OSHO** biblioteca *on-line* e informações extensivas sobre o **OSHO** Meditação. Você também encontrará o calendário de programas da **OSHO** Multiversity e informações sobre o **OSHO** International Meditation Resort.

Websites:
http://**OSHO**.com/AllAbout**OSHO**
http://**OSHO**.com/Resort
Http://**OSHO**.com/Shop
http://www.youtube.com/**OSHO**international
http://www.Twitter.com/**OSHO**
http://www.facebook.com/pages/**OSHO**.International

Para entrar em contato com a **OSHO** International Foundation:
http://www.osho.com/oshointernational
E-mail: oshointernational@oshointernational.com